JUDITA
(Suzana, Molitva suprotiva Turkom)
Marko Marulić

Libar
Marka Marula Splićanina
u kom se uzdarži istorija svete udovice Judit
u versih **harvacki** složena
kako ona ubi vojvodu Oloferna
po sridu vojske njegove
i oslobodi puk israelski
od velike pogibli

Prodaju se u Bnecih u Markari(j)i
u stacu(n) ki darži libar za sinjao

Judita (Suzana, Moltiva suprotiva Turkom)
Copyright © JiaHu Books 2013
First Published in Great Britain in 2013 by Jiahu Books – part of Richardson-Prachai Solutions Ltd, 34 Egerton Gate, Milton Keynes, MK5 7HH
ISBN: 978-1-909669-58-1
Conditions of sale
All rights reserved. You must not circulate this book in any other binding or cover and you must impose the same condition on any acquirer.
A CIP catalogue record for this book is available from the British Library
Visit us at: jiahubooks.co.uk

Judita

Posveta	5	Libro treto	28
Istorija sva na kratko ka se uzdarži u ovih knjigah	7	Libro četvarto	38
Ča se u kom libri uzdarži	8	Libro peto	47
Libro parvo	9	Libro šesto	57
Libro drugo	18		

Suzana 70

Molitva suprotiva Turkom 92

Posveta

Počtovanomu
u Isukarstu popu i parmanciru splickomu
gospodinu do(m) Dujmu Balistriliću
komu svomu
Marko Marulić
humiljeno priporuče(n)'je
z dvornim poklonom
milo poskita

Sih dan svetih korizmenih, počtovani u Isukarstu gospodine i kume moj dragi dom Dujme, privraćajući ja pisma staroga Testame(n)ta namirih se na histor(i)ju one počtene i svete udovice Judite i preohologa Oloferna, koga ona ubivši, oslobodi svu zemlju israelsku jur od nadvele pogibili. Tuj historiju čtući, ulize mi u pamet da ju stumači(m) naši(m) jaziko(m), neka ju budu razumiti i oni ki nisu naučni knjige latinske aliti djačke. Da od te stvari hoteći tvomu otačastvu, obojega jazika dobro umiću, dar prikazati, odlučih naslidovati hitrost ditce one ki o mlado(m) litu starijih svojih darijući, nara(n)če nad(i)ju mirisnimi zel'ji, mažurano(m), rusmarinom, rutom; umitelno naprave dar svoj, da zloćudo loveći povekše uzdarje. Ja put zloćudi njih ne perim, da samo onogaj hitra kiće(n)'ja, jer inoga uzdarja od vas ne išćem nego ko sam vele od pri našao: ljubav pravu i svaršenu u Isukarstu ku mi stanovito nosite veće ner sam dostoja(n), da koliko se pristoji pitomšćini vašoj ka svakomu prikloniti i pri(j)aznivi. Tu poni hitrost, kako dim, naslidujući, usilovah se rečenu histori(j)u tako napraviti kako bude nikimi izvanjskimi urehami i uglajen'je(m) i uliza(n)'jem i razlicih masti čirsan'je(m) obnajena; a to da ne rečete da vam poklanja(m) onuje žita rukovet koju u vaših knjigah bolju nahodite. Zaisto je onaje rukovet, da mnozim cvitje(m) obkićena. Kada ju dobro razgledate, reći ćete: Prominila (j)e lice kakono voći(n)a stabla premaliti kada najveće veselo cvasti budu. Evo bo histori(j)u tuj svedoh u versih po običaju naših začinjavac i jošće po zakonu onih starih poet, kim ni

zadovoljno počitati kako je dilo prošlo, da mnoge načine obkladaju, neka je vični(j)e onim ki budu čtiti, naslidujući umitelnu sredbu raskošna kuhača ki na gospockoj tarpezi ne klade listo varene ali pečene jistvine, da k tomu pridaje saprana i paprana i inih tacih stvari da slaje bude onim ki su prišli blagovati. Ništar manje, da prem dar moj ni tolika dostoja(n)stva, uzdan sam u vašu dobrotu da ćete ga ljubeznivo pri(j)ati cića priproste pito(m)šćine i sartčene pri(j)azni ka je od davna meju nami. Eto k vam gre Judita gospoja ma visoko počtovana, more biti ne s manjom urehom nego kada se ukaza Olofernu, ne da vas kako i njega tim prihini, da pr(i)ja pokripi u uzdaržan'ju svete čistoće, prid oči vaše ponesši i postavivši sve lipote, krasosti, kriposti, dike i slave svoje, kimi se je urešila vele plemeniti(j)e i gizdavi(j)e nego keno se reše svilo(m), zlato(m) i bisero(m); a znajući da će moći tako počteno pribivati pod striho(m) vašo(m) kako je nigda pribivala u Betuliji pod svojom. Kada se budete s njom pitomo razgovarati, daržu da ju ćete pohvaliti ne manje ner veli pop Eliaki(m) ki od Jerosoli(m)e dojde sa svimi leviti u Betul(i)ju vidit (j)u, čuvši sarca sminost, dila hrabrost i čudnovatu svetinju života nje. S toga joj da hvale izvarsne, časti dostojne, uzviše(n)je visoko i poljubljen'je čisto, duhovno, pobožno, nijedno(m) troho(m) nedostojna poželin'ja ockvarnjeno, kako se sveti(m) pristoji i sluga(m) božji(m) podoba. I vi poni dvorno ju primite, dobrovoljno nastanite, i ku vazda hvalite dilo(m), tu pohvalite i ustmi jer je naučna hvaljena biti, navlastito od svetoga reda vašega popovskoga. Nju primite, a meni zapovite: zapovide(m) vašim služba ma vazda je pripravna da izvarši ča budete veliti, koliko joj bude uzmožno. Mir i milost gospodina našega Isukarsta budi vazda s vami. Amen.
Od rojen'ja Isukarstova u puti godišće parvo nako(n) tisuća i pet sat, na dvadeset i dva dni miseca aprila. U Splitu gradu.

Istorija sva na kratko ka se uzdarži u ovih knjigah

Nabukodonosor, kralj od Baviloni(j)e i od Asiri(j)e, daržeći tad grad Ninive, pobi Arfaksata, kralja od Medi, ko(n) rike Eufrata. Posla k mejašniko(m) svo(j)im da se podlože njemu. Podložit se ne htiše. Odpravi s vojskom svoga vojvodu Oloferna ki, kuda projde, sve obuja. Pride napoko(n) u zemlju israelsku. Bi velik strah po svoj zemlji. U Jerosolim činiše mnoga ponižen'ja i posvetilišća, Bogu se priporučujući. On podstupi Betul(i)ju, odvrati vodu ka u grad teciše, zdence pridgradske čini čuvati. Akiora, vojvodu svoga od Amoniti, jer reče da neće moći Židove svojevati ako ne budu zgrišili Bogu svomu, vezana čini popeljati i pridati Betuli(j)ano(m), obitući se zajedno s njimi ga zgubiti. Nesta vode u gradu, htihu se pridati. Ozi(j)a, knez od grada, moli jih da bi još čekali pet dan pomoći Božje. Judita, udovica sveta i plemenita, kara jih da bihu Bogu roke postavili. Sama onuj noć moli se Bogu, ureši se, pojde s rabo(m) svojo(m) Abro(m) ka Olofernu i nakon četvartoga dne, kad on pi(j)an zaspa, odkla mu glavu nožem njegovim, stavi ju na grad, vojske se pristrašiše, grajane ih tiraše, biše, odriše, bogati se vratiše. To videći Akior, pri(j)a viru njih i pribiva s njimi u Betuli(j)u. Od Jerosolime dojde veli pop Eliakim sa svimi popi Juditu viditi: Boga slaviše, nju hvališe.
Ona svo(j)imi pojde u Jerosolim. Pokloniše se u tempal, dare prikazaše, i tuj se tri misece veselivši, domom se varnuše. Judita posli parvoga muža Manasesa drugoga ne poja. Živi sto i pet lit. Leže u grob muža svoga. Sedam dan ju puk sitova. Za nje života ne oćutiše nevolje rati nike. I dan dobitja nje svako godišće bi baržen i čtova(n) od svega puka israelskoga, dokla tarpiše u sta(n)'ju svomu. Na sve(m) vazda Bogu hvala. Ame(n).

Ča se u kom libri uzdarži

Parvo libro. Nabukodonosor dobivši Arfaksata, posla Oloferna s vojsko(m) primati daržave, hoteći da gospoduje svim svitom.
Drugo libro. Kuda Olofernes projde s vojsko(m); kih poda se podbi; pride u Gabu; bi strah u Jerosoli(m); pozlobiše Akiora veziri jer istinu govori od naroda (j)erosolimskoga.
Treto libro. Olof(erne) Akiora vezana zagna u Betuli(j)u hoteći ga zajedno z grajani pogubiti kad jih prime. Ozi(j)a zva Akiora i popove na večeru. Olofer(ne) podsede Betuli(j)u. Bi u grad žaja, do pet dan se hotihu pridati. Judita jih kara.
Četvarto libro. Judita s Abro(m) pojde van grada; Bog joj prida liposti, budi da vele lipa biše. Olofe(rne), vidiv ju, za njo(m) se zamami.
Peto libro. Olofer(ne) dvor svoj i Juditu zva na večeru. Pjan zaspa. Koliko je zlo žartje i opitje. Judita Olofernu odkla glavu i na grad postavi. Akior se obrati na viru i prebiva u Betuliju.
Šesto libro. Betuli(j)ani izidoše s oružje(m). Vojske, vidiv Oloferna ubi(j)ena, jaše bižati; oni jih tiraše i z dobitje(m) se varnuše. Eliaki(m), pop veli, s popi pride vidit Juditu. Ona svo(j)imi pojde u Jerosolim; u te(m)pal se poklonivši, s vesel'je(m) se varnu. Živi lit sto i pet.
Puk ju seda(m) dan plaka. Dan dobitja čtovaše. Amen.

Knjige
Marka Marulića Splićanina
u kih se uzdarži
istorija od svete Judite
u šest libri razdiljena
na slavu Božju počinju

Libro parvo

Dike ter hvaljen'ja presvetoj Juditi,
smina nje stvore(n)'ja hoću govoriti;
zato ću moliti, Bože, tvoju svitlost,
ne hti(j) mi kratiti u tom punu milost.
Ti s' on ki da kripost svakomu dilu nje
i nje kipu lipost s počten'jem čistinje
ti poni sad mene tako jur napravi,
jazik da pomene ča misal pripravi.
Udahni duh pravi u mni ljubav tvoja,
da sobo(m) ne travi veće pamet moja,
bludeći ozoja z družbo(m) starih poet,
boge čtova koja, kimi svit biše spet.
Da ti s' nadasve svet, istinni Bože moj,
ti daješ slatko pet, vernim si ti pokoj,
a ne skup trikrat troj divička okola,
pridavši još u broj s kitarom Apola.
Uzdvigni odzdola glas moj k nebu gori
gdi tvoga pristola čtuju svetih zbori,
da der u tvem dvori bude ti uslišan,
dokol izgovori od Judite pisan.
Grad veli Egbatan sazida i sredi
kralj hvale pohvata(n), Arfaksat od Medi;
pokol jur pogledi, da vlada narodom,
preza svoje zledi kih podbi pod sobom.
Mnjaše da ni robom, ni moćju od ljudi,
ni plemenitim rodo(m) na svit mu para ni;
da pozna po sebi, jer slava človika
najveća, ka se di, ne tarpi dovika.
Da kakono rika barzo mimohodi,
tako svaka dika s vrimeno(m) odhodi.
I ki se uzvodi u višu oholast,
teže mu se zgodi kad pade u propast.
Ki poni toku vlast i silu imiše,
zgubi svoj glas i čast kada ga razbiše.

I ki ga dobiše, jure potomtoga,
jer se oholiše, izgubiše mnoga.
Pored da je boga, Nabukodonosor
mnjaše se dilj toga - nimaše bo razbor.
Jer skupiv mnogi zbor i polag Eufrata
razvivši svoj šator, pobi Arfaksata.
S vesel'jem u vrata ninivska ulize
goneći na jata sužnje u želize.
Malo jih ubiže, mnogo jih zagubi,
napuni sve hiže blaga ko urubi.
Viteze poljubi, svakoga darova,
od koga nahoj bi, hrabro da se arva.
Paka barune zva, ter sede meu njimi,
otvoriv usta sva, govori prid svimi:
"Ja vami hrabrimi sve sebi podložih
ča godir očimi mo(j)ima obazrih.
Slavan se učinih ter čtovan visoko,
i glas dili mo(j)ih prostri se široko.
Sada jure, poko nitkore ne sto(j)i
u zemaljski oko ki me se ne bo(j)i.
Poslat ću da ko(j)i s nami mejaš ima,
zapovidi moji podložan prijima."
Ugodno bi svima, svi ga pohvališe,
razum, moć s ričima do neba uzniše;
posle odpraviše ki naglo hodeći
mejaše objizdiše, gradove proseći.
Zapovid noseći Nabukdonosora,
gospotstvo hoteći vekšega prostora.
Ni gradi, ni hora, ne pokloniše se,
i s tim, kad bi zora, k kralju vratiše se.
On tomu čude se, pomuča nikoko,
a paka sarde se, ja pritit žestoko.
Govoreći tako: da će svih zgubiti
ki ne htiše, kako on reče, učiniti.
I priča vapiti: "Poznati ćeš ča sam -
toj će harlo biti - Karmele i Libam,
Cedar, pridavši k vam Damask s Cilici(j)om,

i svu riku Jordari sa svom Galilejom.
Jošće s Samari(j)om jerosolimski stan
i s Etiopi(j)om dobro će biti znan.
Ča more doma i van oblast i jakost ma,
i koli sam silan s mojom daržavom ja."
Zatim nimalo sta, priseže pristol'jem
ko se sve zlatom sja ter dragim kamen'jem
i svakim zlamen'jem kraljevske razblude,
da to s ispunjen'jem skoro, skoro bude.
O koliko blude ki kažu došasna,
brez razbora sude kakono iza sna;
človik bo to ne zna ako ne očituje
njemu ki svaka zna i svud gospoduje.
Kralj tako jiduje - sunce svitla lica,
na zapad minuje, za more skri nica;
noć jure podtica da narod, živine,
človik, zvir i ptica, pustiv teg, počine.
Sam ov do istine, pripun rogobore,
ležeć na perine, usnuti ne more.
Ojme, moj nebore! Gospodstvo ča t' prudi?
Ne bdi sad nitkore; tebe misal trudi.
Kakono kad bludi sobom simo-tamo,
bisan pas meu ljudi, pojti ne umi kamo,
ner se varti samo ter ujisti preži,
onamo, ovamo, ciri se i reži.
Tako t' ov, ki leži, misleći, sasvima
ništare ne teži, a pokoja nima;
glavom svuda kima i sobom privraća,
posažmi očima, da san se odvraća.
Jere se navraća pečal ka ga karti,
ter skupost pribaća sve hteći odarti:
sve joj daj požarti ča želi od svita,
li neće do smarti nigdare bit sita.
Još iz dna izvita ne biše sva zora,
ni rosa sa cvita opala, da gora
bilaše jur zgora visoko varhami,
a struja od mora mišaše iskrami.

Jure noć s tminami doli pošla biše,
da još dan s zrakami uzišal ne biše,
kada se skupiše vićnici u komori,
jer jih kralj zoviše, kim tako govori:
"U svem mo(j)em dvori sluge najverniji,
i va svakom zbori u svem razumniji,
i meni miliji! Znajte da misal ma
vele me grize i ji dokla ne vidim ja
da svaka mista, ka na svit gospoduju,
podložna budu i da svi mene uščtuju.
Zato odlučuju sa svimi imit rat
ki se ne obituju poda mnom da će stat.
A parvo ću obujat daržave od onih
ki se ne htiše dat kakono ja hotih,
nere rugo i smih u takovoj stvari
činiše od mojih oni poklisari."
Slišavši to stari vitezi uistinu,
kako kim se mari vuhlit gospodinu,
svaki svu kapinu sa glave snimiše
ter pad na kolinu, dvorno zahvališe:
"Hvala tebi", riše, "kraljeva svitlosti,
da smo od najviše pri tebi milosti
a tvojoj jakosti jur se pristoji svom
prez svake pakosti obladati zemljom.
Jer ki toko sobom grad more tvard biti,
ki ti s tvojom vojskom nećeš razoriti?
Tko li će se mniti silan zadovolje,
ki će s tobom smiti arvat se na polje?
Sada tvoje volje stvoriti odluku,
kako ti znaš bolje, u tvoju je ruku;
drago će bit puku, vesel će bit rusag,
kad tebe uzvuku na svega svita sag.
Zatim će te tvoj trag vazda blagoslovit.
da rodivši se nag, tobom oblada svit.
A glas će tvoj živit, svuda slavan hode,
dokol budu svitit zvizde, teći vode.
Tom hvalom uzhode, kralj veće uzbuja,

kako kad se svode vali gdi (j)e struja.
Ter hlepeć na tuja lovišća vrić mriže,
kako ljuta guja gori glavu dviže.
"Ki sto(j)ite niže, moga slugu verna",
sad reče, "najbarže zovite Oloferna!"
Kad dojde: "Biserna kruna mi s'", reče, "bil,
strila zlatoperna, kud si godi hodil.
Hrabro si se nosil u sve boje tvoje,
tiral si, jal, ubil protivnike moje.
A sada ovo je stvar ku ti ja velim:
skup ljudi, tokoje sve ča je tribi njim.
Obrativ putem tim, ka zapadu poji,
grade ter župe prim i čin da su moji.
Da me se svak boji, svaki da me čtuje,
kako se dostoji, gdi godi me čuje."
On o tom duguje po kraljevskoj župi,
hoteć da vojskuje, junake sakupi.
Kad zbroji zastupi, piših jih biše tad,
s kimi se uputi, sto dvadeset hil'jad.
Mladi bihu, prez brad, jakosti najbolje,
arvati svaki grad pripravni dovolje,
ali se na polje biti, protežući
lukove bivolje, mačima sikući.
Još kino sidući na konjih vojuju,
dvanadest tisući biše jih po broju;
ustežući voju, jedino jižjahu,
prip(r)avni ka boju; konji jim aržahu.
Bistro se metahu, igraje nogami,
nozdarvi harkahu, mašući glavami.
A oni strilami bihu opasani
ter britci sabljami po sviti pisani.
Gredihu šarani, kako premaliti
široke taržani gdi su svaki cviti.
Na glavi priviti plavi tere beli
i perja naditi stojahu faćeli.
Šćitke obeseli, kopja uzvartahu;
svi bihu veseli, talambas tučahu;

niki privartahu garlom začinjući,
niki popi(j)ahu kundir naginjući.
Prid njimi jizdući vojvode s tumbatom,
na njih se obzirući uzmitahu batom.
Oružjem ter zlatom svaki se svitljaše,
pera jim za vratom vitar zavi(j)aše.
Prid svakim jahaše oprovda u krunicu,
pod krunom imaše na uho barnjicu;
zlat šćit i sulicu njegovu noseći,
na njoj korugvicu, bedeva vodeći.
Tako ti hodeći varvljahu šerezi,
okolo jizdeći asirski hercezi,
bani tere knezi visoka plemena,
sluge ter vitezi počtena imena.
Svega naparćena tuj kola škripahu,
tuj noseć brimena kamil'je stupahu.
Tuj voli kasahu, tuj bravi potiču,
pastiri zvizdahu za njimi i viču.
Ni šibi, ni biču ne daju pokoja,
goneći optiču, biše t' jim do znoja;
mnoga bo ozoja ondi bihu tada,
kim ne biše broja, kola tere stada.
Za svom vojskom zada grediše Oloferne,
ki svimi oblada s junake nesmerne.
Svi sluge preverne okol njega bihu,
luk, strile operne u ruci jimihu.
A druzi gredi(h)u mašući praćami,
kamen'je berihu u krilo rukami;
druzi šćipačami bihu se zavargli,
a druzi sabljami ke bihu potargli.
Suknje bihu svargli, župe pripasali;
rukavce uzvargli, bičve podpasali;
barže t' bi ticali skačući dubravom,
ner kad bi bigali jelini prid lavom.
Njih ti z bedar stranom kolesa šćićahu,
ka grede ravninom konji potezahu;
sprid i zad jahahu vitezi železni,

kopja jim se sjahu i meči bodežni.
Jaki da utežni pod njimi pastusi,
pojt u boj užežni veće ner u gusi.
Uza nje konjusi sve piši potiču,
ter od cvitja busi za klobuk zatiču.
Nici prid potiču, a nici skut prime
uz konj se pomiču, daržeć se za strime.
A tuj ti meu svime, po sridi okola,
ki biše nad svime, sijaše na kola,
Ka zgora i zdola sva bihu gvozdena,
a s varha do pola po gvozdu zlaćena.
Kon njega usajena horugva ćuhtaše
bila ter čerljena, zdaleč se vijaše.
A on ti si(j)aše oholo, visoko,
a sam pogledaše po vojsku široko;
karvavo mu oko, čarljen biše obraz,
brada jur nikoko prosida, debel haz.
Poćaše se i u mraz, toko biše pritil,
vas obal kako praz ki još ni strižen bil.
A biše se povil svionim skenderom
i gojtane pustil, kićene biserom.
Šapka staše s perom na glavi, doli pak
na bedrih sa srebrom sablja tere bičak.
Gledaše ti ga svak; lipo ga odivaše
dolama, ke utak zlatom prosivaše.
Oko njega staše dvakrat treti vezir,
meu njimi subaše, na svakomu pancir.
Stahu kakono mir ki šćiti kastila,
da u nj ne skoči zvir, ni protivna sila.
Toj kolo pritila živina vucište,
uz ku druga čila naizmin grediše.
Taj ti črida biše od jakih bivoli,
vranih konji liše ter čarljenih voli.
Zaduka za koli gredihu farizi,
a na njih do toli pokrovci grimizi.
Uzde zlati frizi, zlaćena žvaoca,
pisana po brizi zlatom sedaoca.

Od zlata staoca sa strimi zlaćeni,
od hitra tkaoca popruzi šareni.
A konji mašćeni po rep i po grivi,
samo tud čarljeni, inuda svi sivi.
Ne bihu predljivi, da bistra pogleda,
ne bihu sklitivi, da glumna ujeda.
Motahu t' (se) vreda skakćući nogami,
plešući poreda, zavarg se glavami.
Plaho ti bedrami pojdihu svartaje,
razmašuć parsami, stegna podžimaje.
Svim se pojimaje, rekal bi lećahu,
tla ne doticaje, tako se dvizahu.
A na njih si(j)ahu lovci ter ptičari,
na ruci jim stahu sokoli mitari.
Harti ter ogari za njimi tičući,
kakono vahtari laptahu sačući.
Prid kolom bi(j)ući bubnjahu nakari,
trumbite trubljući svirahu pifari.
A niki u citari zvoneći pojaše,
kralji ter cesari hrabrost počitaše.
Tuj se razligaše sve polje z gorami,
rekal bi se oraše nebo sa zvizdami.
S tacimi bukami levite dojdoše,
kadno miri sami hjerički padoše.
Tacih uzpregnuše kon Sinajske gore,
kojino pojdoše Boga čut govore.
Kad nitkor ne more prez straha čekati,
grom s trubljom sa gore kad priča praskati.
Da tko spovidati sva more čudesa?
Od konjske bahati zemlja se potresa.
Ništar ne pores(t)a, ni trava ni žito,
kuda vojska plesa, po sve ono lito.
Tad lačan korito prasac ostavljaše,
zvire strahlivito bigat ne umi(j)aše.
Na zemlji padaše ptica sa visine,
kad zavapi(j)aše vojska iz dubine.
Od praha magline dvizahu se gori,

kakono oblačine kad marče po gori.
Seli tere dvori, poljem kada gode,
u dne al u zori, paljihu se hode.
Nestaniše t' vode gdino postojahu,
zato vred na brode prid se popeljahu.
A kad se brojahu, sklopiv moste nike,
deset dan zbrojahu brodeć se prik rike.
Tej sile tolike puni bihu luzi,
kakono njive ke pokriliše pruzi.
Kad egipski muži s kraljem ki biše kriv,
ostaše u tuzi, osmi bič oćutiv.
Tko je toliko smiv ki bi jih dočekal?
Al nadaleč vidiv da se ne bi pripal?
Mnju, ti bi uzdarhtal despot, car i sultan,
tere bi pleća dal, meč ne podarvši van.

Libro drugo

S tom vojsko(m) prejako(m) Oloferne greduć,
Asiri(j)om jur svom prošal biše hituć.
I sve svaršiti vruć, da mu ne bude ukor,
ča veli kralj moguć Nabukodonosor.
Nigdir nimav opor, dojde na livi kraj
Cilici(j)e, do gor angiskih, ter ondaj
obhode kako zmaj, popali posade
i sva mista onaj zauja i grade.
Da jer se ne dade poglavit grad Melot,
odarvat se nade, zaskoči mu oplot;
tudje u jedan bot vaze ga, potuče
svih u njem, kako skot, a njega rastuče.
Ča zasta, razvuče i pošadši varsi,
poplini i svuče ki bihu u Tarsi.
Još da se ne omarsi, kon zemlje Celine
potar pak i smarsi ismaelske sine.
Prik Eufrata mine, vodeć Asiri(j)u,
posede konfine, Mesopotami(j)u.
Kastile, parčiju vaze, polja, gore
i ki su u Siri(j)u grade ter njih hore,
Ke zahitit more, od Mambre potoka
dokla plače more sa strane istoka.
Pak počan od boka Cilici(j)e, dokom
Jafeta široka mejaš takneš nogom.
Madi(j)ane sobom povede zarobiv,
njih blago s živinom prez izma porubiv,
A svih onih pobiv ki s meči i z bati
jaše mu stat protiv, ne hteć se pridati.
Damasku prid vrati prišad, malo potarp,
poče žita žgati ka jur prošahu sarp.
Začarni kako čarp polje, kad požar sta,
ne bi utlin ni karp, da golo sve osta.
Jer hip još ne posta, posiče i drivje,
ni loza ne osta, u zemlji ni žil'je.

Umri svako smin'je, svak sebi strah ima
videć da saspin'je nad glavom je svima.
Kako kad tmastima kreljutmi oblak gust
prikriv nebo dima, miga, gromi u hust.
Mornar jidra popust, upi(j)e ter hiti
da k kraju svarnuv šust u porat uhiti.
Težak darće liti, boji se, govori:
"Grad mi će pobiti vinograd i bori,
i žita ka gori jur podivaju klas.
Ojme, zgubih skori mu hranu, moj trud vas!"
Tako t' ognjenu vlas Oloferna slišav,
trepi svak ter za glas pita(j)u sva kušav.
Posle poslaše, i stav oni tiho prida nj,
ništare ne postav, pridaše se poda nj.
Jer bit ne mogućsa nj, pridat se voliše,
i spustivši se na nj, komu tako riše:
"Ne hti(j) od nas više, molimo, sila tva,
ner ka naša biše, tva da je zemlja sva.
Bolje je da se da u službu svaki živ,
ner da svak biži t(j)a al umre duh pustiv.
Odvrati poni gnjiv, tebi će čast biti,
milost nam tuj stvoriv, kralj će t' zahvaliti.
Jerbo će voliti mista da mu služe
puna po sve liti, ner pusta da tuže.
Dostojni su uze i smarti bud takoj,
kino se ogluše dat se sili jakoj.
Da evo sve ovoj, ča je u našoj nadi,
u ruci je tvojoj, župe, sela, gradi,
polja ter livadi i stada živine:
budi ta sva sadi kraljeve svitline.
Blago svake cine i sva obitil s njim,
i sve stvari ine, i mi sami zatim
služit ćemo sasvim kraljevu velikost,
listo nas ti sad prim u miru na milost."
Bi miran i usilost ne da jim za sada,
ner da ne bude prost nitkore od tada
zakona ki kralj da. I kad godi čuje

ime kralja, tada poniknuv da čtuje.
Oholosti luje vidi li ovoga,
ki se ne sviduje, mneć se vekši Boga?
Malo potomtoga umrit će, smardit pak,
ter ostaviv mnoga, s najmanjšim bit jednak.
Koga sad trepi svak, nitkor ga hajat neć,
kad u grob nauznak prostre se jur ležeć.
I ki (j)e sad hoteć da vlada zemljom svom,
malo, malo posteć, pića će bit čarvom.
Ki sada svakim zlom pritiska narod ov,
pritisnut će potom njega kamen zakrov.
To t' će biti njegov konac ki sad sto(j)i
ter mni da je takov da ga se i smart bo(j)i.
Da ovi li koji daje se oholosti,
ka se ne pristo(j)i, još nima milosti.
Uze blaga dosti, u talik zauja,
ni još jim ne prosti, vojnikov priuja.
Svak skuta poduja, čtujući človika,
tolik strah obuja mista svakolika.
Gospoda velika od gradov pram njemu
gredihu, razlika vesel'ja čine mu.
Svitilnike žge mu, krune donošahu,
pojahu jošće mu ter tance vojahu.
Tuj ti mu zvonjahu gusle s leutaši,
dipli privartahu, s njimi nakaraši.
Ni tim ne zaparši on tvardosti svoje,
mnozim grad potarši, posiče i hvoje
gdi bozi njih stoje. "Bog", reče, "ni nitkor
ner koga se boje, Nabukodonosor."
Dili se od tih gor, sobalsku Siriju
projde shodeć niz gor i još Apami(j)u.
Mesopotami(j)u projde tokoj, ter tu
dopri Idumi(j)u gdino palme restu.
Gabalsko jest u tu daržavu vladan'je,
grade pri(j)a sve tu i sve njih iman'je.
Tuj sidi, sabran'je sve vojske čineći,
i tuj u to stan'je trideset dan steći.

Dokla dohodeći svi se dosabraše,
misec jur sviteći drugoč se kazaše.
Tankorog hojaše, kakovno biše bil,
kada tuj pristaše parva čela svih sil.
Ne bi tko bi se ril; ki su to slišali,
strah jih je svih ubil, svi su se pripali.
Jesu se bojali Židove da i njim
rasap ter pečali ne budu kako inim,
Da grad Jerosolim, Oloferne došad,
nastupom oholim ne stare. Zato tad
slaše ljudi ki šad Samari(j)om uzgor
der gdi je Hjerik grad, sedoše na varh gor.
Još da niki opor bude, opletoše
sela tere njih dvor, i koko mogoše,
u gradu snesoše žita za potribu
u toj vrime loše čekaje pogibu.
Upisavši knjigu pop veli Eliakim,
jer imiše brigu, posla tad k onim svim,
ki su u Dotaim i kon Esdroloma,
i nakon njih inim: da ne side doma,
Ner da bljudu droma i klance zaskoče,
i gdi je proloma, da zavale ploče.
Jeda s' ne proskoče protivnici naprid
hteći da rastoče jerosolimski zid.
Ne bi t' j(i)h strah ni stid, sve toj učiniše,
ča jim pop svet i sid pišući veliše.
U gradu vapiše s moljen'jem prihilim
ter se poniziše svi postom nejilim.
Popove još zatim pleća sva odiše
vrićišćem tim ostrim ter suze roniše.
Ditčicu prostriše prama templu božjem,
a oltar pokriše zgora cilici(j)em.
Tad svi jednim vapjem moljahu govore;
"Bože, koga u svem kripost svaka more,
pozri nas odzgore i glase naše čuj,
ter, ki nas sad more, strahov nas obaruj.
Ti ne daj da ovuj pogibil prime puk,

puk ovi tvoj, kojuj dat misli ljuti vuk.
Jakost od tvojih ruk oblomi ovoga
oružje, strile, luk, ki ne čtuje Boga.
A ne daj da tvoga grada stan primisti,
i templa ovoga oltar onečisti!
Svagdan se na nj misti za slavu tvoju tov
žartja, kono čisti grišnike od grihov.
Vidiš li kako ov po svitu tekući,
lovi karvavi lov, derući, koljući
i grade orući? Ti Jerosolime
ubran čuvajući, da ju ne obime,
Ni mista nje prime, ni blaga njeje, ko
ne dvi, ni tri zime kupismo, da lit sto
i još desetkrat to, od ko ti tuj stavi
puk ovi, ni tad go kad Egipt ostavi.
Ne daj da se izbavi milih sinak mati,
ter se ne zadavi, ne moguć gledati
gdino ih vezati svih budu žestoko,
i bi(j)uć peljati u robstvo daleko.
Nemilostiv toko on jest da grad vazam,
svih ključi nizoko, ne prašća ni ženam
da svakim vašćinam za rugo prida jih,
gdino gleda sajam, gdi vide muži njih.
Ti stegni moć ovih ki svojom žestinom
nadhode lavov svih sve sile jačinom.
Ako im ti tvojom vlastju neć zabranit,
tko je ta ki sobom more se obranit?
Ti nas poni shranit dostojaj se, Bože,
njih tuj ne ustanit. Kripost tva sve može.
Tebi se podlože molimo u suzah,
ne daj da nas slože u tolicih tugah.
Od meči, od uzah, kad si godi hotil,
i od jacih rukah ti nas si slobodil.
Ti nas jesi vodil prik mora po prahu,
onih si potopil kino nas tirahu.
Po tvom jošće strahu, kako obita sam,
kino ovde stahu, ustupiše se nam.

Pogledaj poni k nam, Gospodine, sada,
milost tvu pošlji nam, kakono i tada.
Ufan'je i nada naša sam jesi ti,
ti ne daj da vlada nami ki s tobom ni.
Grišni smo, Bože, mi, da milost tva gdi (j)e?
Puk tvoj ni p'je, ni ji. Pomiluj, upi(j)e.
Pomiluj, tebi je dostojno stvoriti
milost onim ki (j)e budu ti prositi.
Mi ćemo t' služiti i dušom i udi,
zakon obslužiti, pomoć naša budi."
Tako t' ovi ljudi vikahu plačući,
u takovom trudi li Boga zovući.
Eliakim tišući njih, reče: "Dim vam ja
da Bog, vas slišuć, i imit će smiljen'ja.
Poste ter moljen'ja listo ne pustite,
dilo ponižen'ja svagdan prikažite.
Nu se spomenite od Mojsesa, vam dim,
tere dobro vi(j)te koga dobi i čim.
Pride u Rafadim Amalek kralj, hotuć
da z božjim pukom svim boj bije, uzdajuć
da je vele moguć oružjem i mnoštvom
ter da će svih potuć došad na mistu tom.
Ne mečem ni šćitom Mojses dobi njega,
da molitve hitom, i pobi ga svega.
Tako će i sega zločinca pobiti
Bog vaš, ako njega budete moliti."
Pričaše postiti, te riči slišeći,
i žartja činiti, udilje moleći.
Vrićišća noseći, po glavi luženi,
da budu proseći Bogom pohojeni.
Kada ču ognjeni Oloferne taj glas,
da su zasedeni puti od gorskih staz,
i da židovska vlas prip(r)avno čeka boj,
čudi se i starši vas i gnjivan bi zatoj.
I sazva u dvor svoj amonske vojvode:
"Tko su", reče, "ovoj ki po varsih hode
bljudući prohode? Ki gradi? Ka hitrost?

Mnogi li se plode, mnoga li njih jakost?
Da im(i)ju sminost stati protiv naju?
Ali našu hrabrost ni sile ne znaju?
Sami nas ne haju, toliko su smini,
ter nas ne sritaju s častju kako ini."
To rekši, zapini usta, zube sharsti,
a njim ti namini zala svake varsti.
Splete parste s parsti, a glavom pokima
i od toke garsti zavrati očima.
Svaki jih strah ima gledat ga u lica,
gdi marmnje meu njima, ter obrazom nica
stahu, kako ditca kad skulan di: "Quitto!"
Ter pojamši biča zakrikne sardito.
Parva stanovito glava od Amoniti,
Akior, uhilito poča govoriti:
"Hti(j) se dostojiti slišat, gospodine,
jer ću ti praviti od togaj istine.
Ni bo tribi hine da k tebi donesu,
ni stvari ke ine, nego keno jesu.
Puka strane te su, ki s zemlje kaldejske
k zemljam pride ke su mesopotamejske.
Jer slave nebeske Boga sebi obraše,
ostaviv boge ke otci njih čtovaše.
U Karah počaše tada pribivati,
jednoga kad jaše Boga virovati.
I pokol stiskati glad mnogi ja vas svit,
taj puk pojde stati, dvigši se, u Egipt.
Gdi sta četarsta lit i bi toko množan,
da nitkore sbro(j)it njega ne bi možan.
Egipski premožan kralj nima jur mira,
da taj puk pobožan toko se razšira.
Ter ga tako stira rabotom parteći,
da on jur ponira od truda hodeći.
Zato se moleći vapiti k Bogu ja,
Bog njega mileći, Egiptu rane da.
Kada, da idu tja, Egipt jim dopusti,
tad saržba Božja sta, nevolja popusti.

Da jer se uzgrusti kralju od Egipta,
na njih ti pripusti, li da jih pohita,
pohitav uplita, koko bude moći,
trudom brez izvita, u dne ter u noći.
Tad Bog svoje moći skazav, ki bižahu,
posla jim pomoći, jere se bojahu.
Nakraj mora stahu, more se rastupi,
puk po suhu prahu naprida postupi.
Za njimi pristupi kralj svimi silami,
more ga obstupi i pokri vodami.
Zamisi s kolami ljudi, konje, meče,
kopja s korugvami, nitkor ne uteče.
A kad puk proteče kroz Čarljeno more,
k pustinjam priteče od Sinajske gore:
voda ku ne more od gorčine piti,
slatka bi i more svak je se napiti.
Četardeset liti s nebes jim dažji man,
kruh, kim se nasiti, beruć ga svaki dan.
Na koju godi stran sobom obratiše,
sela, grade i stan prez boja dobiše.
Jere se arviše za nje vazdi Bog njih,
nigdar ne izgubiše, ner kad grih sape jih.
Kad bo bogov tujih pri(j)aše ostaviv
Boga svoga, Bog svih podloži pod svoj gnjiv.
Niki mart, niki živ u hlapstvo idiše,
niki sve izgubiv plačan ostaniše.
Opet jih varniše Bog u parvo stan'je,
kada jih vidiše čineći kajan'je.
Po njega smiljen'je kralju Kanane(j)u
daše rasčinjen'je i još Jebuse(j)u,
i s njim Fereze(j)u, i Eteju toje,
Eve(j)u i Amore(j)u kraljem još tokoje.
Sva mista njih koje godir gdi imihu
učinivši svoje, u miru živihu.
Dobrosrićni bihu vazda der do vika,
dokol ne padihu u prezpravdja nika.
Ni jošće velika svitlost, obhode svit

vrimena selika, svaršila vele lit,
da je zaveden bit puk ovi i živil
u strane tujih mist, jer biše sagrišil.
Pak se je obratil k Bogu svom, i Bog njih
jest jih oslobodil od uze protivnih.
I u mistih ovih, povarnuv se, leže,
ter u rukah svojih Jerosolim darže.
Sada, ki teg teže, mili gospodine,
jeda j(i)h grih steže, izuvij istine.
Jer ako krivine ke jesu dilja kih
Bog se ne pomene da jur pomože njih,
Pojdimo najti jih, komu su zgrišili,
Bog će pridati jih tudje tvojoj sili.
Ako l' prevridili nisu svomu Bogu,
moć sa hitri dili njih ti ne premogu."
Tako po razlogu besidi Akior,
da razlog pod nogu postavi nerazbor.
Jer vidit bi ukor ovo vezirom svim,
čude se da opor može tko biti njim.
I razsarjeni tim jaše mislit on čas,
da ga obvargu zlim, da ga zgube danas.
"Tko je", riše, "ov pas ki vo mni da neće
puk oni, zgledav nas, obratiti pleće?
I na gori steće da će osiditi,
da će ne bižeće protivit nam smiti?
Ki ni piš hoditi, ni na konju sidit,
ni se zna šćititi, ni meč u boj nosit.
Pojmo jih zatirit ali jih poklati,
ako se budu rit. Tada će poznati
ča se je rugati, hinbeni Akior,
kad i njim metati budemo s ovih gor.
I vas ž(i)dovski dvor vidit će da je bog
Nabukodonosor, ki (j)e toliko mog,
a ne Gog ni Magog." Tako se sarjahu,
tako žegući rog na njega marmnjahu.
Piše ti na prahu i po salbun si(j)e,
ki se oholu bahu svit dat usiluje.

Jer on ne slišuje nauk od istine,
ki se uzvišuje u slavi tašćine,
Pravdu pogarjuje, ljubi vuhavšćine.

Nit bi se oziral bižeći noć i dan.

Libro treto

Da vazda pravednih Bog jest obaroval,
i još po smarti njih vičnji njim život dal,
tako ti ni pušćal Akior da zgine,
u nevoljah upal zacića istine.
Veziri toj čine, Oloferna gnjivu
pridaše vrućine, kako konju živu
kad teče po njivu, kad mu dadu ostrog,
popostrese grivu tere poljuti nog.
Priskoči plot i stog i potok prikine,
koliko je uzmog, teče, vrata rine.
Tako sobom hizne ovoga gardoba,
kad ju pouzdvigne vezirska hudoba.
Poni u toj doba Oloferne sardit,
jer vlada njim zloba, tako ja govorit:
"Ki si prorok da rit umiš, Akiore,
da narod taj odrit nam se sada more?
Uzdaje se u gore al u bogu nikom
da njima pomore? Hiniš nami u tom.
A sad da ti sobom iskusiš, jer nitkor
zvat se more bogom, ner Nadukdonosor.
Kada mi vas njih zbor obratimo pod mač,
zadit će naš kosor i tebe u rubo tač.
Ča blidiš, ali plač ča t' lica zaliva,
ako tvoja pritač znaš da ni laživa?
Živit ćeš gdi živa ostane njih dobar:
gdi li ona saspiva, saspit ćeš i ti zgar.
A da t' bude ta stvar, vedte ga da side
u taj grad pod ki bar ma hoću da ide.
U ki kad unide tere zaskoči rov,
činte da ne izide nitkore živ, ni ov."
Grad biše ovi nov, na gori si(j)aše,
oko njega obrov, Betuli(j)a se zvaše.
Grad taj uzdaržaše narod Simeona,
i njemu služaše polja strana ona.

Tamo moć siona pogna Akiorom,
da smarti zakona tarpi s gradskim zborom.
Dojdoše pod varho(m) i tuj ga vezaše
nazad ruku s rukom k stablu ko tuj staše.
Jere im ne daše pojti priko meje,
ki s gore metaše iz praće kamen'je.
Oni ga ondeje vezana pustiše,
ovi zgor tudeje sašad, odrišiše
i k gradu odniše. Pitaše grajani,
Zač mu učiniše toj Asiri(j)ani?
Od Betul(i)jani dva poglaviti(j)a
bihu tada zvani Karme ter Ozi(j)a.
Prid njimi izvi(j)a sve ča mu se steče,
Akior, da pri(j)a proplaka, pak reče:
"Ovo se zareče Oloferne sardit,
da će sva na meče mesa vaša razdit.
I mene s vami ubit, na to me je zagnal.
Bog daj da bi ta prit njemu na glavu pal.
Toj se je prisegal stvoriti vam sa mnom,
jerbo sam ja rekal: Bog vlada zemljorn tom,
i Bog vaš sam sobom da ima moć i vlas,
u vrimenu ovom obarovati vas."
Kad sliša puk taj glas, Bogu se pokloni,
smakši beritu s vlas i suzami roni.
Moleći da ukloni njih od pogibili,
kom karvavec oni mnozih jur uhili.
"Ti se", riše, "smili, o Bože gospodstva,
pozriv naši dili ki su humiljenstva.
I onih oholstva, ki prite, pogledaj.
Rasap ter ubojstva odvrati i ne daj.
Ukaži da si haj ufajućih u te,
ukaži da s' nehaj ufajućih u se.
Smiri, molimo, nje ki se uznašaju
silom svojom, a tve jakosti ne znaju.
Čuvaj, brani naju, jerebo si ti sam,
ki s' u gornjem raju slava ter dika nam."
To rekši i suzam ustaviv izvora,

pričaše obistram tišit Akiora
Govore: "On zgora ki gleda, stvoritelj
od svakoga stvora bit će t' obaritelj
i svih nas spasitelj tako da još onih
hoće bit raspitelj ki hlepe razsut svih.
I kada nas od njih Gospodin slobodi,
dozov k tebi tvo(j)ih, ter stoj s nami ovdi.
Toj ti budi godi, da ki (j)e s nami Bog,
i tebe pohodi, jer znaš da je svemog."
Tuj Akior nebog zlovoljan stojaše,
kakono niz oblog u zemlju gledaše.
Ter riči slišaše, jur tvarje daržeće
da u kom ufaše, ostavit ga neće.
Jur sunce ničeće, nagnul biše kola
svitli obraz hteće zamaknuti dola.
Istočnoga okola jur šćićaše stranu
noć, dvižuć odzdola čarnokosu glavu.
Kadano poznanu Akiora cilost
na svom zazva stanu Ozi(j)eva milost,
jer znaše da blagost velika jest tomu,
s ljubavju prijat gost u koga je domu.
Sazva još k ovomu i pope za bratstvo,
da žežinu svomu pokripe mlohavstvo.
Večeru i jistvo obilo napravi
za stolom toj ljudstvo više sebe stavi.
Ništar ne ostavi ča se čtu pristoja,
da veće ljubavi skazati nastoja.
Toj i ovoj poja, ne sebi hoteći,
jer se ne dostoja, da druzih nudeći.
Svi Boga hvaleći, Akiora nukaje,
Akiora tišeći, Akiora gledaje.
Li njega svidaje da se ne zlovolji
u Bogu uzdaje, Bogu da se moli.
Sedeći za stoli, oni se čtovahu,
obhode okoli sluge jim landahu.
A druzi služahu vino iz bokare,
čarljeno livahu u zlate pehare.

Ča peku, ča vare, druzi ti nošahu
na čiste lopare: jedno donošahu,
drugo odnošahu, svartaje nogami,
dvorno pristupahu, segaje rukami.
Visoko s svićami stahu kandaliri,
mnogimi zrakami odsivahu miri.
Ne biše tko sviri, ni z bukom govori,
ni smi(j)eć se ciri, ni šale ki tvori.
Svaki tiho z(b)ori: ča oni pomina,
ča ov odgovori, ča li sam namina.
Ona smart(n)a tmina, ku na vratoh vide,
od karvi, od plina, da k njim ne unide.
Toj ovoj obide razlika besida,
li na tom izide da grada i zida.
Ako Bog ne svida, na branicih vahtar
zaman bdi i sida, a na vratih vratar.
Zatoj imiše mar, ustav se na nogu,
da skupe puka bar u svu sinagogu.
Ter se mole Bogu. Moliše ga svu noć,
u potribu mnogu da jim pošlje pomoć.
Jer je zdravje i moć i utočišće njih,
upalih u nemoć dilj straha p(r)otivnih.
Od postilj istočnih dviže glavu Titan,
osini tmin noćnih da zarene hitan.
Jur svital biše dan i vidiše sa gor,
kimno tuj biše stan, vojske greduć uzgor.
Kako prisičen bor na zemlju padoše,
na golu glavu zgor pepeo vargoše.
Moleći rekoše: "Bože, pomiluj nas,
jer evo dojdoše poterti nas danas.
Kako ti viš i znaš, skaži tvoje čudje,
da puka tvoga vlas ne pogine tudje."
Vazeše orudje i stine u skuti.
Stupiše osudje gdi su tisknji puti,
gdi su klanci kruti meu klesurami,
da, stavši na ljuti, meću se praćami.
A vojske stranami varvljahu ka gradu,

blizu pod stinami okolom da padu.
Potok niz livadu marmnjući teciše,
pod borjem u hladu, bistar i čist biše.
Grana ga grediše vojena po brigu,
ter vode nesiše tad gradu po sridu.
Ovu da pristrigu, Oloferne reče,
tako da napridu ka gradu ne teče.
Da još nedaleče od grada stojahu
poduboke bleče gdi vodu čripahu
grajani ter pjahu, skrovito pohvate,
jere se bojahu da jih ne uhvate.
Uz toj se navrate Amon i Madi(j)an
šatoru prid vrate Olofernu izvan.
"Znaj", riše, "da on stan ne uzda u ljude,
da u tuj gorsku stran na koj stražu bljude.
Da ti poni bude taj prez arvanje grad,
i grajan zloćude ne budu vridne sad,
stav stražu, kano pad kon zdenac, ne dade
vazimat vodu kad ki od njih napade.
Tim ti se pridade vas puk on od volje,
ali se raspade od toke nevolje.
Od tada jih kolje žaja kad ti veli
odvratit u polje njih potok on veli."
Slišav on ča želi, naredi vojvode
kim moćno zapeli da čuvaju vode.
I sunce odhode dvadesetkrat pride,
li oni obhode i na zdencih side.
Od tada unide u gradu sušina,
z gusteran izide jure i vlažina.
Od nikih dubina još vode imaše
ka žmulom cidina mirom se diljaše.
Ništar manje znaše svak da sva ne bi svim
žeju, ka jih žgaše, ugasila tad njim.
Stopit ust ne bi čim, prisihat ja jazik,
usne pucat, zatim bliditi vas človik.
Skupiv se puk velik, muži, žene, ditca,
tko star, tko mladolik, k Oziji se stica.

Svaki smina lica (sminost nevolja dav)
njemu oporica i tuži, prida nj stav.
"Bog", riše, "sud postav meu tobom i nami,
u kolik trud pridav varže nas u plami.
Ne hti(j) podvit rami da mirno govoriš
pri ner nas žajami nevoljno umoriš.
Sad oto sam vidiš, veće ne moremo
ov grad u ki sidiš i ki u nj živemo.
Sami sebe ćemo dat Asiri(j)anom
pri nere budemo martvi sa svim stanom.
Evo smo pod članom jur toga vrimena,
da želimo slanom polahčat brimena.
Plače brižna žena i jure rada je,
da je povedena z ditcom mruć od žaje.
I svim nam laglja je od meča smart vidit,
ner se mučit zjaje, a nimat ča popit.
Tad i uzu tarpit vele manji jest trud,
a Boga u svem hvalit i pravde njegov sud.
I ti poni odsud dati grad i nas svih,
(pristani na taj blud) u ruke od sil tih.
Stavmo se u volju njih, ali će skratiti
nagla smart tug ovih, al uza smaliti."
Toj rekši, cviliti u carkvu stojući
i parste lomiti jaše jadajući,
k Bogu vapijući: "Bože, sagrišismo,
na zlo pristajući, nepravdu činismo!
Krivinu tvorismo i s otci našimi
zakon ne spunismo. Da ti, ki s' nad svimi,
milostiv ti primi na milost svih naju,
od ruk nas odnimi ki tebe ne znaju.
Ki, priteć, ne daju da te čtuje tvoj stvor:
Bog je sam, pravljaju, Nabukodonosor.
Ne daj nas pod njih hor, jer će reć narod zal,
gdi (j)e njih nebotvor, ča jih ni pomogal?"
U veliku pečal, s plačnima očima
Ozi(j)a ustarhal staše meu njima,
kako ki strašnima vitri zagonjen brod

meu vali mnogima vodi prik slanih vod.
Svarta korablji hod ne kuda bi hotil,
da dajuć jidrom god kud jih je duh zavil.
Li još se je usilil kokogod se oprit,
dokla je tamun cil, ne hteć o skolj udrit.
Simo-tamo pozrit ne staje jer vidi
da mu se je borit s vitrom, s morem, s diždi.
Garbin hlopom hlidi a zvižju konopi,
val rovući slidi, ter busa u popi.
Sve nebo poklopi oblak s tmasta lica,
iz njega dižd kropi, mun'ja ga prosica.
Grom s triskom potica, strahotno tartnjući,
preda, pada nica mornar li jidrući.
Tako t' se obzirući, Ozi(j)a predaše
pogibil vidući, da li još uzdaše.
Zato govoraše, roneći suzami,
tere jih toljaše simi besidami:
"Ne sobom, da vami, bratjo, pečalan bih,
zato vazda s nami Bog hoće biti, rih.
I sada ja vas svih, ja životom mojim,
iskupil bih od tih nevolj i blagom svim.
To bit ne more, vim. Da on ki stvori svit,
to vazda reći smim, pomoć nam more bit.
Zato nitkor zgubit ne hti(j) čeljad i stan,
i sam sebe ubit. Počkajmo još pet dan.
Jeda s' odrene van Bog saržbu tu od nas
ter svoj podstavi dlan uzdaržeć ov puk vas.
Ako ne dojde spas ki mnju da će biti,
ča ste rekli danas, hoćemo stvoriti."
Hotiše starpiti svit ovi Ozi(j)e
i jaše moliti da jim Bog barži(j)e
pomoć svu podi(j)e i milo pohaja,
da jih ne ubi(j)e nepri(j)atelj ni žaja.
Tada se nahaja Judit u gradu tom,
kano svih nadhaja lipostju, dobrotom.
Ka živit životom odluči prečisto,
poče imit od kom udovičtva misto.

Mnozi (j)u zaisto vlastele prosiše,
ona Bogu listo služiti želiše.
Skrovišće imiše gori pod slimena,
gdi Boga zoviše s rabom zatvorena.
Hotin'ja putena usteza posteći,
strunami pletena vrićišća noseći.
Tege li težeći da ni telu pokoj,
almuštva čineći skupšćini uboškoj.
Živine velik broj muž bo nje ostavi
i blago mnogo njoj kad se s njom rastavi.
Da ona ne stavi u tom sartce svoje,
ner ko ljube pravi, vikomnje kono je.
Sva moć riči moje izreći ne umi t'
pobožje koko je, cić koga gardi svit.
Prem ako mladih lit biše i lipa stvora,
da od kriposti cvit - hći biše Merara,
Ki zide od stara roda Simeona,
brata Isakara tere Zabulona.
Muža imi ona ki se zva Manases,
obslužeć zakona ki jim da Mojses.
Ovogaj na poses, gdi se žetva tvori,
kad Sirij tere Pes najvećma uzgori,
moć toplin umori plamena vrućijih.
Martva ga zatvori grob njega starijih.
Misec šesti lit trih jur biše nastupil,
da biše on živih priminuvši pustil,
kada Judit sih dil potribu videći,
ča je Ozi(j)a ril, kara uzročeći,
Popom govoreći Kabru i Karmu dvim:
"Ku rič izusteći Ozi(j)a reče svim,
da grad da protivnim peti dan i petu noć,
ako nam protiv njim ne pošlje Bog pomoć?
Tko ste, da ćete moć Božju iskusiti,
ter svim vekšu nemoć, vekši gnjiv naditi?
Jer se razsarditi hoće tom riču Bog,
pri ner se smiliti, ni dati nam odlog.
Vele dvigoste rog, roke take upram

k Bogu, ki je svemog, da milost svu da nam,
ter da tad pride sam pomoć puku semu,
kada je drago vam, ne kad je god njemu!
Milostan je u svemu, prošćen'je prosimo
od togaj tere mu duše ponizimo.
S skrušen'jem molimo da po njega volju
lahkost oćutimo, odbivši nevolju.
Da kako sad kolju oni nas ohol'jem,
tako padu u polju našim humiljen'jem.
Jer izneviren'jem ne ockvarnismo se.
Otac pr(i)stupljen'jem tuje boge prose,
Koji grih podnose oni tad u to dob
tarpiše angose, glad, meče i porob.
Da nam je nepodob primat ner onoga,
Abram, Isak, Jakob koga čtova Boga.
Utišen'je toga čekajmo tarpljivo,
zla će nas ovoga zbavit milostivo.
Tere će rugljivo zbiti pod moć nižu
svih, nepri(j)aznivo ki se na nas dvižu.
A sad Božju hižu kino uzdaržite,
k kim duše pribižu da jih očistite.
Pristoji se, vite, popovstvu vašemu,
da sartca kripite vi puku našemu.
Pomenak čine mu od naših starijih;
jer Bog u ničemu zato nevolji jih.
Da tim iskusi jih je li njih život prav
i je li vera u njih i s ufan'jem ljubav.
Abram u trudih stav i u skarbost mnogu,
kripak bi kako lav u služen'je Bogu.
Pečali nalogu Isak, Jakob nosit
skazaše da mogu, a Bogu ne zgrišit.
Mojses tokoj čini t', i svaki ushaja,
ki hti zlo pritarpit, da Bogu ugaja.
A puk, ki ne haja, ner Boga da skusi,
saržba ga pohaja i smart ga pokusi.
Zato da ne strusi nami pomarmnjan'je,
činte, ner da skljusi nisko ponižan'je.

Govore: Karan'je Božje to jest manje,
ner naše zgrišan'je i naše poganje.
Bog nas bi(j)e hlanje nere dosto(j)imo.
Sarčno na nas zvanje da ga se bo(j)imo,
da grih ostavimo, da bolji bivamo,
a ne da zgubimo ča na svit imamo."
Pošadši k njoj tamo i Ozi(j)a sliša
tuj rič, ka ne samo da veće njim miša.
Ništar manje niša visoko hvalu nje,
ka nićće ne sgriša ča biše istine se.
Zajedno s popi ste, riše: "Sve su prave,
Judita, riči te ke s' rekla sad. Zdrave
da budu daržave i mi, moli za nas:
svetošći tve slave znane su po svit vas."
Ona reče: "Danas ča sam rekla godi,
kako zna svaki nas od Boga da shodi.
Tako po sej škodi hoćete vidit stvar,
ku misal ma svodi, da ni ner Božji dar.
Sada imite var višnjega moliti
da ruku mu prostar, rači to stvoriti.
Ostavte hotiti znati misal moju,
na vratoh siditi hoćete noć ovu.
A kada ja pojdu vanka s Abrom mojom,
dokla opet dojdu, svi vi z družbom svojom
molte svetom molbom za nas otca Boga
s umiljenom pojom i s skrušen'ja mnoga."
"Poj i Bog zla toga po te oslobodi
jur puka ovoga!" Ozi(j)a tako di:
"Z bogom poj i hodi i kuda godir greš,
vazdi te pohodi, vazdi slavom ureš.
I pri nere umreš, on čin da dila, ko
godir stvorit napreš, glas dvignut visoko
i prostart široko po svitu da bude znan."
Govoriv to toko, s popovi pojde van,
Misleći duboko, ostaviv nju na stan.

Libro četvarto

Oni odašadši, Judit u komori
svojoj tad pošadši, dviže ruke gori.
Ter tako govori lugom potrusivši
svu glavu odzgori, kip vrićom odivši:
"Bože, ki stvorivši svaka, obladaš svim,
i sve naredivši, zakon si dal tvojim.
Dal si otcem mo(j)im meč kim odvratiše
rugo i silu onim ki silu činiše.
Ki ovašćiniše sestru njih, u zlo ih
tišće, i vidiše žen i hćeri svojih
od sebe razsto(j)ih, blago razdiljeno
u ruke slug tvo(j)ih, tobom dopušćeno.
Tebe humiljeno, Gospodine, molju,
pogledaj smiljeno na našu nevolju.
Odpusti zlu volju i rabi Juditi
pomozi, ka volju tvu želim spuniti.
Rači se smiliti, milostiv bo jesi,
sve mož učiniti, zla od nas odnesi.
Desnom tvojom stresi asirske sile sad,
u zgibil zanesi, kako egipske tad
Tirahu puk tvoj kad s oružjem tekući
i svaki, karvi rad, naglo napirući.
Ter se uzdajući u kola, u konje,
u silu, li mnjući, tudje potarti nje.
Da sa strane gornje pozrivši tva milost,
u prezdan'je donje pade njih oholost.
Pomanjka jim jakost, nitkor se ne varnu,
ne osta jih ni kost, svih voda pogarnu.
Tako da posarnu ovi, moj Bože, čin
ki misle da zgarnu sada nas s ovih stin.
Ti jur njimi privin, kolik je, da znaju,
u njih uzdan'ju hin ki u se uzdaju.
Ki se uznišaju kopji ter strilami,
šćiti kih višaju o vratu prik rami.

I britci sabljami i konji barzimi,
mnogimi silami i ljudmi hrabrimi.
Ne znajuć nad svimi da si Gospodin ti,
da s' pomoć pravimi, ne tome ki prav ni.
Poni ki vo svih ji, nigdare karvi sit,
ti silu njega hti(j) silom tvojom slomit.
Ki tempal razorit jest se zahvalio.
Sveta tva ockvarnit ka s' ti posvetio.
Krov ki (j)e sad cio, stukši ga razvrići,
mečem svo(j)ih sio oltar tvoj prisići.
Ti učin odsići njegove gardosti
mečem kim posići priti tve svetosti.
Pridaj mu sliposti, neka ga zadi(j)u
mrižom me liposti i zamkom oči(j)u.
Kad s njima uzbesi(j)u, da riči jazika
moga se zabi(j)u u sartce človika.
I ljubav velika smami ga tudi(j)e,
tako da dovika ne znat bude gdi (j)e.
Čini u mni smin'je, sartce da su tvardi
i stanoviti(j)e da njega pogardi.
A da ga rastvardi skoro desna ovaj
i sasvim ogardi, kripost joj ti podaj.
Takova stvar i taj po tebi stvorena
biti će po vas kraj slava tvoga imena.
Ako jedna žena ubi(j)e muža, kim
sad je pristrašena zemlja s narodom svim.
Ni jakost tvoja, vim, u mnoštvo nikih ljud',
ni oružja ni s tim u barzih konji trud.
Da u volje tvoje sud, kim si vazda nižil
svaku oholu ćud, humiljenu višil.
Vazda s' milostiv bil i tisih molitav
vazda si uslišil. Ti sada uslišav
rabu tvoju, postav rič u ustih mojih,
u sartcu razum prav, moć u rukah ovih.
Hiža svetinj tvo(j)ih vavik sveta da je
i u narodih svih da te svak poznaje.
Svak te spovidaje, reče: "Ovo je Bog

koga vlast svuda je i ki (j)e sam svemog."
Takoj se ona pomog svetimi molbami,
prostrav kolina nog, dviže gori rami.
I sašad skalami, Abru svoju dozva
ka, jer pod svitami spaše, jedva se ozva.
Ona ju ne psova da reče: "Opravi se
i pojti van krova sa mnom sad spravi se."
Toj rekši, izvi se iz vriće i vodom
po puti umi se i namaza vonjom.
Splete glavu kosom, vitice postavi,
kontuš s urehom svom vazam na se stavi.
S ošvom ruke spravi, uši s ušerezmi,
na nogah napravi čizmice s podvezmi.
S urehami tezmi, ča mi (j)e viditi,
dostojna bi s knezmi na sagu siditi.
I jošće hoditi na pir s kraljicami
i čtovana biti meu banicami.
Zlatimi žicami sjahu se poplitci,
a trepetljicami zvonjahu uvitci.
Stahu zlati cvitci po svioni sviti,
razlici, ne ritci po skutih pirliti.
Svitlo čarljeniti ja rubin na parstih,
cafir se modriti, bilit na rukavih
biser i na bustih, i sve od zlatih plas
sjati se na bedrih prehitro kovan pas.
Velik urehe glas da liposti veći,
ka biše kako klas iz trave resteći,
al kami, ki steći u zlato, zlatu da,
izvarsno svitleći da zlato većma sja.
Tako t' ona prida uresi krasosti
poveće ner pri(j)a od njeje liposti.
I to ne bi dosti, kako pismo pravi,
Bog njeje svitlosti uljudstva pristavi.
Jer te take spravi ne bihu od bludi,
da svete ljubavi i pravdenih ćudi.
Zato joj posudi da tko ju ugleda,
svak joj se počudi i za njom pogleda.

Poni kad se z(g)leda spravna jur kako pir,
pripravi obeda: kruh, uli, pargu, sir.
I vinca malo mir u miščić, pak zamak
u dvanjkah vas taj žir, Abri bi naramak.
Toj ti na ramo ustak, Abra prida stupi
i Judit nju potak, za njom ti postupi.
Kada jur nastupi na gradne zaklopi,
zastaše u skupi Ozi(j)u sa popi.
Vratar vrat odklop(i), svi se ustupiše:
one sterúć stopi, naprid postupiše.
Tad se usčudiše svi, vidiv Juditu,
toko lipa biše i u takovu svitu.
Liplja, mnju, na svitu ni bila ku kralj svet
vidiv u pohitu dvimi grisi bi spet.
Al ona, kuno žet ljubavju vze Sikem,
s česa razsut i klet osta s njim grad Salem.
Al ku vidiv ognjem jur studena starost
užga se dviju prem, kim sva laž da žalost.
Ali kuno hitrost Amona prihini,
ki meča ne bi prost dilj sile ku čini.
Al ke toko scini Asuer uljudstvo,
da na njoj zamimi kraljice oholstvo.
Al ćić ke obilstvo od filistinskih njiv
požga, pustiv mnoštvo lisic, Sansonov gnjiv.
Al ona koj odkriv otajstva istinu
i u krilo se uviv, izgubi jačinu.
Da ovih krivinu, u kih jest, odkladam,
lipost, ne rič inu, Juditi prikladam.
Koj jošće nakladam, ako ni laž i hin,
kupeći ča skladam od poetskih tašćin.
Mnju, ti bi Apolo lin tirati Dafnu bil,
tad kon tesalskih stin ovu da bi vidil.
Siringu bi odpustil sin Merkuri(j)ev Pan,
ugledal da bi bil ovu gredući van.
Po Cinte gore stran kakono lovljaše
Diana luk napan, taka se vi(j)aše.
Kada se boraše za z Di(j)anirom stat

Herkules, koj mnjaše da par neće postat.
Kip, obraz tere vrat ove zgledal da bi
vargal bi se navrat, al se boril ne bi.
Ča veće dim tebi? Paris taku ženu
imil da bi sebi, pustil bi Helenu,
ku Garci odvedenu, jer opet nimaše,
Troju podsedenu deset lit arvaše.
Ako poni staše zamamljeni, ove
kad lice sgledaše, s Ozi(j)om popove,
ne čudo, jer slove koga moć, Bog tadi
nje gizde takove lipostju obnadi.
Nitkor ju ne zadi ni riču ni stvarju,
i stupiv nazadi, da projde, pušćav ju
rekoše: "Možav ju, Bože otac naših,
oda zla izbav ju i od tih sil strašnih.
Misal nje kriposnih dili ti napuni
i milost daj da njih svaršeno ispuni.
Da glas nje pripuni i zemlju i kamen,
sama se ukruni sa svetimi. Amen."
Jur sunčeni plamen, vodeći s sobom dan,
od zvizd jasnih zlamen taćaše, grede van.
Bižeć na nižnji stan noć s čarnimi koli,
nošaše donjim san, ako su ki doli.
Kad ljudi oholi ki stražu bljudoše,
obhode okoli Juditu sritoše.
Sliša(t) ju zajdoše: "Od kud greš i kamo?
Ča t' jime?", rekoše. "Pravi nam da znamo."
Ona reče: "Ovamo od Betuli(j)e sam
i put je moj tamo k vašim poglavicam.
Ostaviv grad i hram, s životom bižim tja,
jer će se dati vam. Judit se zovu ja.
A da sa mnom sada ova druga verna
ne ostane zada sasvima čemerna.
Doprit Oloferna ne brante mi, molim,
vlast njega nesmerna da pozna ča kolim.
Reći će: Toj volim. Jer mu ću skazati
ča će bit oholim i kako će jati

ov grad, a nimat(i) škodu ni trud velik,
tako da s te rati ne zgine ni človik."
Ne bi ti ner tolik tada govor njeje.
Oni hip nikolik postaše glede je.
Čude se od kude je stvoren'je, od kega
sve od svita meje nimaju lipljega.
Pak rekoše: "S tvega premudra i smina
činjen'ja od svega biti će t' načina,
ku želiš, ne ina. Toj on čas oćutiš,
ki prid gospodina našega postupiš.
Dobro ne izustiš da će ti sve dati,
ča godir obljubiš i budeš pitati.
Jer će dostojati ti razum, ta lipost,
da bude imati svaku čast i milost."
Govore toj, linost s njom pojti nimiše,
gledaje nje svitlost svi se zamamiše.
Kud se obratiše, hode meu vojskom,
svim oči zaniše, svaki zarča za njom.
Greduć uprav stazom, dojdoše k šatoru,
i on ju prid sobom zazva u komoru.
Ki polje i goru množtvom svo(j)ih sio,
kako ti govoru, biše pokrilio.
Kad ju je vidio, s parvoga pozora
ranu je oćutio ljubvena umora.
Staše kako gora, sobom ne krećuć(i),
oči ne zatvora, k njoj jih upirući.
Tako sta tarnući serifski gospodin,
Medusu kažući njemu Dana(j)e sin.
Pod šator u osin ki stahu knezove,
svi se okolo sklin, gledaše obraz ove.
I riše: "Takove ako se tuj goje,
podstupmo gradove i ki u njih stoje.
Arvanje i boje ni triba odnimit,
grade, horu toje dokol budemo imit.
A tko se neće bit i vazda u svaki boj
dobrovoljno hodit zaćić tacih gospoj?"
Ona ti meu toj prid Oloferna stav,

sideća na pristoj, pisan vas kako pav.
Jer ga tkalac otkav, komu ne biše par
u asirsku daržav, biše jimio mar
nastrikat cvitja bar svilami razlici
i zlatom i još zgur dragimi kamici.
Tuj poni u lici pozriv ga Judita,
pade k zemlji nici vele uhilita.
Poklon hitra svita biše, kim ga (d)vori.
On se rukom hita i reče: "Stan gori!"
Paka joj govori: "Budi dobrovoljna.
Bit ćeš u mom dvori pri(j)ata i voljna.
Ni ina nevoljna zemlja u istinu,
ner služit zlovoljna momu gospodinu.
I puk tvoj gardinu da ne skaže k meni,
ne bi mu jačinu kušali tužbeni.
Bili bi blaženi u svem svomu horu,
budući službeni Nabukdonosoru.
A sada da t' stvoru milost ku t' obitam,
i kako t' govoru, da t' se ne izvitam.
Rec mi ča te pitam: Za ki uzrok onuj
stran, za ku pohitam, ostaviv dojde tuj?"
Ona malo otuj stupiv, dviže oči
tere tiho uz tuj rič riči potoči:
"Ako smi uz oči gospodina svoga
raba da mu soči, sliši svita moga.
Jer gospodstva tvoga velikost ako će
dostojat se toga, ča želi, znat hoće.
Sa tvoje pomoće kralj Nabukdonosor
ne samo ovo će, da svita steć prostor.
I ne listo taj dvor hoće mu služiti
po tebi, da vas stvor i zimi i liti.
Jer je po svem sviti glas tvoje hrabrosti,
smin'ja, sile, svisti i svake mudrosti.
Da neka t' ludosti skažem puka moga,
ki tvojoj milosti ne da mista svoga.
Razsardil je Boga ki po prorocih svih
priti da će s toga pridati tebi njih.

A jer znaju svoj grih, zato t' trepe strahom,
u plač obrativ smih, muče se uzdahom.
Telo sarši mahom, obraz je gladan, žut,
jazik popal prahom, žadan,ližući mut.
Jure od skota mut ožimlju, obhode
kupeći ga u skut, jer pripuše vode.
Stada i stad plode klat su odlučili,
karv njih, ka je gode, hlepeć da bi pili.
Hlepeć da bi jili, riše da straćeni
budu ki su bili sudi posvećeni,
zlati ter zlaćeni, za vino i žito,
a bit će ockvarnjeni da jih taknu listo.
Ne bud sumnjen ništo, s toga će smagnuti,
kako s' na to misto, svi će poginuti.
Zato odbignuti odlučih i k tebi
totuj pribignuti da me primeš k sebi.
Ni to bilo ne bi, ako bi naš on Bog,
kino je na nebi, ne dvigal na njih rog.
U griha bo barlog ne padoh s njimi ja,
on ki (j)e sam svemog, hoti da bižim tja.
I da navistim sva ka će tako projti,
neka svitlost tva zna, jer j(i)h će Bog ojti.
Raba ću tva pojti jošće molit njega
da pravi dan dojti kad će raspa sega.
Znan ćeš bit od svega kad se ja pomolim
i tvoga posega spišen'je izmolim.
Bude t' Jerosolim tvoj, dobro to ja znam,
i s pukom oholim, Bog je to rekal nam.
Tako da pakost vam u tom ne postane,
primajuć grad i hram, ni pas ne zalane.
Da njih ovej rane navistim tebi tuj,
Bog, ki nebom gane, posla ti rabu suj.
A za tuj milost, kuj obitaš i stvoriš,
daj ti plaću onuj Bog koje dostojiš.
Pravo je da stojiš slavan nada svimi,
da vazda zdrav hodiš i vesel s tvo(j)imi."
Tako ričmi timi pokol mu vuhlova,

kolinmi obimi poklek, skut celova.
Takoj ti svidova svinju da uti(j)e
pomnja težakova, češuć oko ši(j)e.
Vode joj ulije i željudom pita,
da ju pak ubije i ditcu napita.
Ona hruča, rita, legne uz močiru,
hvata iz korita; on ostri sikiru.
Vesel u svu miru Oloferne tada,
svim ričem da viru i ki stahu zada
riše: "Mi do sada ne slišismo vide
od jezika mlada vetši(j)e beside.
Od kuda izide ova jasna zora,
dostojna da side na nebesih zgora
Nabukdonosora. Zovući: Zemlju tuj
ostaviv i mora, hod ovdi gospoduj!
Ni ti žene u svuj daržavu od svita,
razum, lipost u kuj krasni(j)e procvita.
Ni ka rič poskita slaje kad govori,
iz ust joj uresita kada jih otvori."
Tako pod šatori veziri ki stahu
govoreći, gori hvale nje dvizahu.
I nju ti gledahu ka prid Olofernom
staše, gdi vi(j)ahu nju s Abrom nje vernom.
"Besidom bisernom", Oloferne reče,
"i ričju opernom sartce mi opteče.
Sunce mi isteče Judita kad dojde,
onim ti odteče od kihno ti pojde.
Dobro da jih ojde, dobro Bog učini,
ki da ti vred projde k našim silam, čini,
veleći: Svi ini ki su puka tvoga,
biti hoće plini skoro zbora moga.
Obitan'ja toga ako se spuni stvar,
verovat ću Boga kimno ti imaš mar.
Biti će t' od nas har i parva čast u dvor
i taj će t' dati dar Nabukodonosor,
Da ti ne bude par u mnozih gospoj hor."

Libro peto

Oloferne, pokol tej riči zgovori,
tim, ki stahu okol, reče: "U komori,
gdino su zatvori blagu sakrovitu
i tvardi zapori, povedte Juditu,
Ka po svo(j)em svitu, u komno ni starvi,
zemlju zlata situ dat nam će prez karvi.
Davajte joj parvi dil jistve i kruha,
ki se meni marvi, ka se meni kuha."
Judit strese uha. "Neću", reče, "toga
da, ockvarniv duha, ne razsardim Boga.
Da jisti ću ovoga ča vo s sobom nosim,
za da pri onoga, ča t' rekoh, isprosim.
I još da prip(r)osim da spiši te strane
dati t' Bog, ke mnozim po svitu su znane."
On reče: "Tej hrane ča ćeš učiniti
kada ti nestane, o čem ćeš živiti?"
Ona se rotiti priča ponasmihnuv
da brašno saspiti ko doni pribignuv
neće, dokla dvignuv ruku svu ne svarši
i počine stignuv ča misal nje varši.
Baruni odpar(v)ši vrata od ložišća
i svuda nastar(v)ši sviona krovišća,
rekoše: "Hladišća tuj su tva, gospoje."
Ona se namišća i reče: "Dobro je."
Da parvo ovo je isprosila moleć,
molitve dit svoje u noći ishodeć.
Da nitkor, odhodeć: "Kamo ćeš?", reče joj,
ni opet dohodeć: "Od kud greš? Ča je toj?"
Toj biše dao njoj Oloferne, svo(j)im
vratarom tad takoj zapovid čine svim.
Taj slobod dvima njim, Abri ter Juditi,
da bude, ne inim, za tri dni služiti.
Ona izhoditi ja k dragi slazeći,
k potoku hoditi vodom se čisteći,

a pak uzlazeći Bogu se moljaše,
da, puk slobodeći, spuni ča mišljaše.
Za tim čista staše u komoru došad,
ni se okusaše ner jur sunce zapad.
Ko četvartom izšad, svitlost svim ljudem da,
i Oloferne tad dvor na večeru zva.
Slugu Vagava sla da Juditi veli
da sram odvarže ta, da se k njemu seli.
I ča on uzveli, pristane učinit,
a dar, kino želi, svaki hoće imit.
Jer mu će prirok bit da žena stoji tuj,
a on da će živit želeć imiti njuj.
Pojde Vagav i suj besidu poni njoj.
"Vladiko", reče, "u onuj jure komoru poj
gdino gospodin moj sedeći počiva,
Želeći obraz tvoj ki suncu odsiva.
Zatoj te priziva da s njim i pješ i jiš,
da vesel pribiva dokol uza nj sidiš."
"Ka sam ja da barž mniš", Judit odgovori,
"da neću na pospiš pojt u toj komori?
Ki su mo(j)i opori, da hizat uz ostan
mogu, ali gori reć: Niže mene stan.
Bud poni dobro znan, ča je drago njemu:
meni (j)e kako man i slatko u svemu.
Raba ću bit temu za moga života,
ako mu sam čemu, zna njega dobrota."
Takoj riči mota Judita vesela,
da je ta pohota Oloferna svela
na taka jur mela da će leći nice,
a gradi i sela steći parvo lice.
Kad spusti udice ter zadije ribu,
istežuć tunjice, mahne gori šibu
ribar i potribu ima jur dat ju van,
radostan da hlibu smok mu je pripravan.
Tako, kad osnovan jur misli svoje teg
vidi Judit, izvan urehe na se usteg
i skuta pouspreg, radosna pojde tad

da tuj, rukom poseg, osnovu otka sad.
Oloferne nju kad prid sobom ugleda,
u ljubavi zašad, sartce mu uspreda.
Slaja mu bi meda, da gorkost će žerat,
studeniji leda kada bude ležat.
Kon sebe ju pojat hiti za tarpezom
i niže njeje stat zapovidi knezom.
Njoj reče: "Obezom jesi me obezala,
jer harlim potezom dojti si hajala.
Tim si dostojala da pri mni milosti,
ku želiš, imala budeš u radosti.
Sad vesela dosti sa mnom pi(j) ter blaguj
i s ovimi gosti obilo se počtuj."
Ona njemu uz tuj zahvalivši, reče:
"Veselo ću stvar tuj učinit, jer steče
blagost, pokol čeče uza te raba tva,
ka želi da kleče prida te zemlja sva."
Tad pi i blagova ča biše opravila
Abra i gotova prida nju stavila.
Meu tim je nudila njega da ji i pje,
ter ga veselila da se većma nal'je.
Da kada se opje, zaspi i zahrope,
požre takoj osje, da veće ne sope.
O, kino se tope u žartju mnogomu,
vijte kako ope život sad ovomu!
Ne njemu samomu grih je ta naudil,
da jošće svakomu u kom je kada bil.
S toga je izgubil Adam s Evom milost,
ku je najpri jimil, svih vargši u žalost.
Noe svoju sramost odkrivši grubo spa
kad ga obali jakost vina ko garlu da.
Lota kad pjanost ja, ne znajuć spi uz kih,
ma njih, kim biše ća, čini sinov svo(j)ih.
Esau liše tih parvorojen'ja čast
i blagoslovi svih otčevih zgubi slast.
Jer davši garlu vlast pri voli požriti
od zdile jedne mast ner sve to imiti.

Puk božji živiti o pići nebeskoj
počan, ja marziti, objistan jur, na toj.
Egipskih lonac loj želeći, ushvali,
i njih mnozih zatoj Bog smartno popali.
Običaj on zali sinov Hele popa
ki su umicali meso iz ukropa.
Smartju jih pokopa, vze njemu popovstvo,
jer ne poja stropa na njih nepodobstvo.
Vino ter oholstvo Aleksandra smami
tako da ubojstvo svo(j)imi rukami
stvori, pak suzami lica gorko umi
obujat tugami: toko draga ubi.
Centaure pogubi Peritov s Lafiti,
jer hvataje zubi, jer pjani i siti,
onih kih počtiti njih dostojaše se,
za žene zaditi ne sramovaše se.
Saki zgubiše se kad u Cirov okol
stupiv, ob(j)iše se, opiše. I pokol
legoše kako vol, on na nje napusti,
razbi jih, da jim bol, živih jih ne pusti.
Vino život shusti Lacida i Krisipa.
Mudrost od njih usti začarni taj sipa.
Taj konac opipa pitanski Arceslav
i on pjan udipa u Karonovu plav.
Toj se hudinji dav Antiok, moguć kralj,
jaki kakono lav, s kimi (j)e za stol stal.
Bi jih pjan. Bi njim žal. Tarpiti ne htiše
sramotu i pečal ter ta ga ubiše.
Bolje ti mu biše u boj smart pri(j)ati
još kada imiše sa Rimnjani rati
nere živu stati do stotin lit roka
pak konac imati tolika priroka.
Raskoša obroka i vina ko sarka
učini žestoka Antoni(j)a Marka:
silan po Rim tarka vlastele koljući
njih blago raztarka kuhačem dajući.
Toj ga podtičući Kleopatru ljubi,

ženu pušćujući. Po tom sebe zgubi.
Ki su taki zubi, zlobe će nadvrići
kako vethe rubi kripost će odvrići.
Na konac nesrići upast će u svakoj:
nemoć jih će sići, stumak ne dat pokoj.
Smalit će razbor svoj i jošće iman'je,
pak u vikomnji znoj biti će njih stan'je.
Zadit će smijan'je drugi, rič su čuvši,
govorit: Zaman je, tarbuh nima uši.
Razbire piću si i slasti privraća,
i vina oku(s)ši, ter u se sve svraća.
Da kino se odvraća od dobra nauka,
prida nj se ne izvraća ča se totu kljuka.
Tim piše ma ruka, kimno svetu duhu
ne zgodit jest muka veća ner tarbuhu.
Ki nimaju buhu huda utvarjen'ja,
zalizlu u uhu spasena slišen'ja.
Da jur govoren'ja rič se tamo vrati
na saj spoviden'ja odkle se uvrati.
Oloferne stati na noge prejedva
mogaše. Jer jati koko mogahu dva
toliko sam on zžva i obuja ga san.
Vagav zatvaruć, zva inih da gredu van.
Idoše na svoj stan, sobom teturaje,
jerbo ne jedan žban popiše spi(j)aje:
redom začinjaje, zdravicu obnose,
jednu popi(j)aje, a drugu donose.
Pojdoše zanose tud ovud nogami.
Sami se nadnose, kimljući glavami.
U obraz jim plami a na nosu para,
i na brade prami lašćaše se ckvara.
Tarbuh kako žara nadmen odstojaše.
Rič, ku potopara, jazik prikošaše.
Sviste ne saznaše, ctakljahu jim oči,
rugo njimi staše i smih se potoči.
Jer niki o ploči udri sobom pad se,
niki se pomoči, niki kara svad se,

niki daržat rad se, druga uhitiše,
ter i z drugom zad se uznak uzvarziše.
A niki rigniše, niki se gnušahu,
a niki ležiše, niki na nj padahu.
A druzih nošahu, stavit jih na odar.
Toko se saznahu koko martav tovar.
Tko će imiti var ustegnuti garla,
pogledaj ovi bar ter vi(j) je l' umarla
tuj čast i doparla tamnost i gardinja,
ka je oto svarzla da je vitez svinja.
Sad vi(j) kako linja Olofernja sila,
kako ju razčinja hot nečista dila.
Postilja je bila na sridu komori,
mehka, čista, bila, s pisani zastori.
Na njoj se obori Oloferne unid,
zaspa većma gori nego morski medvid.
Speći ga tako vid Judit, Abri svojoj:
"Poj polahko naprid", reče, "na vratih stoj!"
Ove dvi tad u toj ložnici ostale
s Olofernom, u njoj ne bihu zaspale.
Poni od tej stale na vratoh Abra sta,
jesu l' straže pale, oslihovati ja.
I straže i čeljad sva ka biše okoli,
biše kako martva. Svi bo na tom stoli
jiše kako voli, da još veće piše.
Bditi ne bi koli, straže ne činiše.
Ki (j)e nebes više i ki svaka more,
jur odlučil biše puku da pomore.
Judita zastore postilji razmače,
sartce joj kopore, bliže se primače.
Ruku s rukom stače i k nebu podvignu,
na kolina klače i suzami rignu.
Glasa ne izdvignu, da moli u sebi:
"Bože, daj da stignu ča je godi tebi.
Stvori milost meni, pokrip rabu tvoju,
strah mi vas odnemi, dvigni ruku moju
da stvar svarši koju misal moja plodi,

da se tebe boju puci ter narodi!
Sada, sada hodi, tvoj grad Jerosolim
od nevolj slobodi i vas puk tvoj, molim.
Rasap daj oholim ki se uzvišuju,
pokoj pošlji boljim ki se ponižuju.
Ovo ča veruju po tebi ja moći,
koko potribuju, hoti mi pomoći.
U dne ter u noći tebi da hvalu dam,
jer u tvoje moći sad svaršit to uzdam."
To rekši dviže ram i na nogah postup,
ter muče bičag snam ki višaše o stup.
Podri ga, kičmu zdup Oloferna jednom,
a drugom rukom lup, kla skube objednom.
Hronu, strepi sobom, ležeći on uznak,
darhta ruka s nogom, vas se oslabi pak
izdaše. Ne bi jak. Garkljanom siča karv.
Tako t' zgibe junak, tako spusti obarv.
Zgrize ga mao čarv oružjem njegovim.
Ubi ga ženska sarv, ki biše prostro dim
da zajme svitom svim. Ki mnjaše da ni Bog
silam njegovim tim jest protiviti mog.
Prostri se tuj nebog, prez glave, kako panj.
Juditi Bog pomog kada napade na nj.
Da joj ni trud zamanj, da stvari viru da,
prikla ga, steć uza nj i odni glavu t(j)a.
I Abri reče: "Na, u dvanjke toj zatvor!"
Sama se prope i sta, skide s odra nastor.
Odvaliv trup od zgor, pak po običaj svoj
izidoše na dvor, kako da mole obhoj.
Ne dav nogam pok(o)j, projdoše vas okol,
premda jim biše znoj, obvargoše prodol.
Kako kada sokol uhvati lovinu
zavje se više skolj, side na visinu.
Ne pustiv živinu iz nohat, ku je jal,
dokla dopre stinu gdi je gnjizdo svijal.
Harlo ti (j)e lital, da se napitaju
ptići, jerbo je znal da lačni čekaju.

Tako t' ne sustaju ove dvi, ni sidu,
dokla ugledaju vahtare na zidu.
Pojdoše po brigu, i kad bi blizu vrat,
Judita napridu uzupi, napan vrat:
"Otvorte, otvorte grad, jere je s nami Bog!
Otvorte, otvorte! Sad oni ki (j)e svemog
puku svomu pomog, skazal je svu kripo(st).
Nečistih u barlog varže, nam da milost."
Pri(j)am jih u naglost, stražane idoše.
Nenadinu radost tu popom rekoše.
I svi se stekoše, Juditu vidiše,
svitil'ja snesoše, jerbo još noć biše.
Judita sta više i jer staše gromor,
svi bo se čudiše, ne mneći jur nitkor
da ju on sčeka zbor - rukom da zlamen'ja,
da muče ter govor sliše nje činjen'ja.
Uši na slišan'ja dvigoše primuknuv.
Reče: "Humiljen'ja pridajte poniknuv
Bogu, jer uzdvignuv on ki u nj ufaju,
onih bi prikinuv kino ga ne haju.
Kino toku vaju nas pridati napi,
karvi tuje žaju, svoju pivši, zapi.
Glas vaš Boga vapi i Bog rukom mojom
Oloferna (s)kvapi su noć pravdom svojom."
Tad pohvativ rukom z dvanjak ize glavu,
ukaza prid pukom strašnu, svu karvavu,
klanu kako bravu. "Evo glava", reče,
"kano su daržavu priti da rasteče."
Pak razvivši peče: "Evo", reče, "karzan
na kom pjan pričeče, na kom karvju parzan
osta vele marzan, kad od jedne žene
smartju bi povarzan, Bog pomogši mene.
Ki stvar tako rene, ki moga počten'ja
čuva da ne uvene s nikoga zgrišen'ja.
Da meni vraćen'ja, da sebi dobitje,
da vam slobojen'ja, da svim dobro žitje.
Njemu poni pitje slavno hti(j)mo peti,

tere žgati žartje, a zlobe odneti,
pravoga oteti. To će biti dike
njemu, ki (j)e sveti, milostiv u vike."
Vidivši puk like nevolj svo(j)ih, pokol
Bog jur protivnike smete i njih okol,
prignuše glavu dol, njemu zahvališe
slaveć njegov pristol, Juditu hvališe.
Ozi(j)a tuj biše, od vesel'ja suzi,
radosno uzdiše videć konac tuzi.
Kakono ki upuzi u porat jur mneći
da ga val pogruzi - vitar strašno dmeći.
Raduje se steći zgibil koj ubiže,
u sebi misleći, ter spasan ku stiže.
Hvalu Bogu dviže da ga ne poklopi
more i ne stiže, ko mnozih potopi.
Tako ti meu popi vesel Ozi(j)a stav.
Su besidu sklopi: "Boga svak", reče, "slav
ki milo k nam ustav. I moć ženske desne
moćju svojom nadav, protivnim glavu sne.
U noći ter u dne budi vazda s nami.
Pečal, misli trudne vazda nam odnami.
A ti meu ženami blažena s' Judita,
Blažen Bog ki rami svo(j)imi te šćita.
I od zla zamita, i ruku upravi
na smart, koga prita vas svit u strah stavi.
Tako te proslavi, da će t' hvale dati,
u svita daržavi svi ki budu stati.
Pri će se vraćati ka vrilu vode rik,
po moru plavati od svih težina sik,
svitlost sunčenih zrik u istok zahodit,
nere će tvo(j)ih dik slavan glas ne hodit.
Ka život ohodit nisi se šćedila,
za ovi slobodit puk od pogibila.
Platit takaj dila nitkor nas ne more,
Božja t' jih plat sila, kano svaka more."
Toj on odgovore, ki bihu tuj ljudi,
svi usta rastvore, riše: "Tako budi!"

Dozvan dojde tudi i Akior nebog,
pače blag, kad trudi olahča mu nalog.
Reče mu Judit: "Bog israelski danas,
koga, da je uzmog obarovati nas,
ti reče, neka znaš, prikla u ruku mu
vrat, kako jedan vlas, neverniku tomu.
A da vidiš komu, ovo t' glava onoga,
u oholstvu svomu ki pogardi Boga.
A tebe dilj toga reče da će zgubit,
kad puka ovoga klat bude i rubit."
Akior u subit prenu se, ugledav
glavu ka ga ubit reče, totu zagnav.
I ništar ne postav, pristrašen poniknu,
kako na koga lav iznevarke riknu.
Kad se dviže, kleknu polag njeje nogu
pokloniv se reknu: "Blažena s' pri Bogu,
Bogu tvom ki mnogu svim po te milost da.
Moć njega svemogu hvaliti će svuda
Po svem svita stogu, sluti budeš kuda.

Libro šesto

Obrativ se Judit, reče: "Slište ča dim.
Bog nam će posudit još milosti za tim.
Zbodte kopjem jednim glavu tuj i pojte
gori na gradu s njim, ter umistiv ojte.
Ništar se ne bojte. Kada isteče dan,
odparvši vrat, projte z bukom, s oružjem van.
Svaki prid gradom stan, da još ne poj doli,
ni se sa mista gan, ni kreni dotoli.
Dokol njih okoli, totu vas videće,
zbuče se ter poli šatora hodeće
i šćiti kučeće budu budit njega,
ki se zbudit neće jur za vika sega.
Ki kada vide ga prez glave ležeći
i karvava svega, hoće jih strah sveći.
Vi kad jih bižeći od zgoru vidite,
tad smini hiteći na njih oborite.
Slobodno naprite, jer pod noge vaše
Bog njimi poskite, dat jim će zle paše.
Probavit će čaše ke su sinoć pili,
ginut će njih baše, vi ćete bit cili.
I kojojno sili Mesopotami(j)a
pridav se uhili i sva Cilici(j)a,
i još s njom Siri(j)a, tuj ćete sada vi
raztirat, da svi(j)a nogami kud ne vi."
Kako jim reče, svi tako učiniše.
Akior, jerbo vi kolika moć biše
Boga, kim dobiše, poganski blud pusti
u ki pri viviše, poča zakon bljusti.
Boga sartcem, usti jednoga počtova,
njega t' ne popusti. Pokol se obrizova,
tuj vazda stanova sa obitil'ju svom,
sveto životova do konca u gradu tom.
Vidiš li da u kom čoviku pravda jest,
još da ga triska grom, u dobro ga će unest.

Dobro će ustat i sest, vekše će nevolje
napokon ga navest na spasen'je bolje.
Danica jur skolje zrakom odivaše,
ter čarljeno polje suncu pušćivaše.
Sunce podivaše jur svitlu glavu van,
jur svuda sivaše, jure bi bili dan.
Zbodena na ostan na turnu tikva sta,
i ništar ne postan, s oružjem družba sva
barom po vrata ta buknu z bukom na dvor.
Trumbitaš praskat ja protiva vojsci zgor.
Po vojsci sta gromor, tekoše k šatoru.
Ki bihu pod šator, staše prid komoru.
Oružjem koporu, Oloferna zbučit
hteć, jer na zaporu ne smihu mu kučit.
Zamani bi bučit, on se ne probudi.
Tim se jaše mučit. Shode glave ljudi
vrataru, da zbudi njega sad, rekoše,
koga čuti sudi vojvode dojdoše
Govore: "Zidoše od zakutak miši,
ter nas zatekoše da boj bi(j)u piši."
Tad Vagav ulišši, u dlan bi beritom,
za tim poposliši, mneć da spi s Juditom.
Ne čuvši za svitom šušnja ni govora,
zadi parst za plitom, razmaknu zastora.
Ugleda trup zgora gdi leži prez glave,
a pod njim je kora postilje karvave.
Zavapi i plave razdri o se rube,
i brade pahljave sidine oskube.
Zatim sobom snube, plačan teče vidit
od skrovišća kruge u ke staše Judit.
Ne zastav ju, hitit ja da van isteče.
Istekši ja vapit: "Jedna žena", reče,
"Židovinka, spletče rugo u sem dvoru,
priročno poleče Nabukodonosoru.
Evo u svu komoru Oloferne kopni
na postilji goru, na njemu glave ni!"
Asirski baše ti glas kada slišiše,

obojmeknuše svi i svite razdriše.
Svi se pristrašiše, kako komu gavun
vali zbiv odniše argutlu i tamun.
Dimajući garbun jidrom paha, huhće,
miša s morem salbun, on od straha darhće.
Takim strahom dahće bjeno sartce ovih,
plač ter vapaj bahće, i jur obide svih.
Ne osta karv u njih, i vidiv na grad dil
udov Olofernjih, strah jih je veći bil.
Marmor je svuda vril, smete se vas okol.
Starknja usta od sil, svak je bižat obol.
Kako kada sokol u nebo se vija,
jato se ptic odzdol široko razvija.
Ča pri more svi(j)a, naprid se po(j)ima,
jer ga strah zabi(j)a, duše ne po(j)ima.
Tako tada njima bojazan micaše,
simo-tamo svima po polju starkaše.
Svaki se bojaše jer Betulijani
oružnih hust staše nad njimi u strani.
Ki vidiv da bani asirski odbigoše,
s onih gornjih stani vičući stekoše.
Stižući bodoše mnozih šćipačami.
Mnozih posikoše po pleću sabljami.
Mnozih ki lugami na konjih bižahu,
sabjeni praćami legoše u prahu.
Nevidom svi(j)ahu. Nigdar toke sile
u toliku strahu, ja mnju, nisu bile.
Kud su god hodile, ni kih moći manje
jesu naskočile, ni tirale hlanje.
Ozi(j)a, da na nje od gradov pripuste,
jer će biti sa nje, da jih ne upuste.
I da ljudi huste zaskoče na cistih,
mače, ki to zuste tičući po mistih.
To pisa u listih, ke kada pročtaše,
od mist onih istih harlo se sticaše.
Ter ti jih tiraše, derući, bi(j)ući,
gdi su njih mejaše deri dopirući.

Meu tim slazući od Betuli(j)e, ki
grada čuvajući ostali bihu svi.
Asirski okol gdi biše ostao pust,
mnogu pratež ondi raz(u)zeše u hust.
Kako vinograd gust, kad je voće zrilo,
koga ne bude bljust pudar ni pudilo,
jato ga pokrilo čvarljak, grozd ne ojde,
kad se je najilo, s punom gvačom pojde.
Tako svaki dojde ši(j)u nakarcavši,
i u gradu projde, okol razsakavši.
Za njimi prignavši, ča gonit mogoše,
ki, vojsku zagnavši, z dobitjem pridoše.
Tuj blago snesoše od asirske sile,
i ča dotekoše, svim riše da dile.
Nikogar ne uhile, svi biše bogati,
i po pune zdile jaše blagovati.
Jaše napi(j)ati, Bogu hvale daje,
i veseli stati redom počitaje
gdi ki dostizaje biše koga ubil,
gdi ki priticaje biše put zaskočil.
Bože, kolikih sil kolika gardina,
kolikih slava dil i hvale visina,
koli vred izlinja pribiv se na poli!
Tako Bog načinja svih ki su oholi.
Svi gradi okoli činiše vesel'ja
i na svetom stoli klaše mnoga tel'ja.
Cvitja tere zel'ja tla su natrusili,
borja tere jel'ja zide su nadili.
Trublje su trubili, bubnji su bubnjali,
svirale svirili, cindre privartali.
Hvalu Bogu dali u pisnih pojući,
tance su igrali, svitila žegući.
Hvalu još dajući dilu Juditinu,
kim dobivajući skupiše litinu.
I gradi u istinu zdrišiše straha grop,
ki mnjahu da zginu pod toke sile snop.
Eliakim, veli pop od Jerosolime,

noseć smočen isop kropljaše da snime
nečistoć onime ki se ockvarniše
svite martvih prime, kih zagnav ubiše.
Za njim ti grediše popovi mnogi zbor,
s njim grede dopriše Betuliji na dvor.
I kad pram njim odzgor Judita iskasi,
svakoga ju govor s hvalom dobročasi.
Riše joj: "Slava si Jerosolime sve,
sva radost naša si, počten'je zemlje se.
Jere je sartce tve muški se nosilo,
tobom je strane ove misto oživilo.
A sve je to bilo, jer čistoću tvoju
pogleda Bog milo i da t' milost svoju.
Jer sta u pokoju, muža ne poznavši,
i u svetih broju, parvi ti umarvši.
Bog tebe zazvaši sparti nas brimena
i tebe obravši proslavi t' imena.
Tim blagoslovljena biti ćeš po sve dni.
Biti ćeš blažena gdi dobru konca ni."
Takovom nju oni besidom slavljahu
i Bogu pokloni s njom prikazivahu.
Ki godi imahu Olofernja blaga,
k njoj ga prinošahu, ona Bogu da ga.
A sad veras snaga mojih nju hvaliti
slaba jest i naga. Ništar manj naviti
neću se šćediti hvale, koko mogu,
jer se isčuditi dilu nje ne mogu.
Smionost svoju mnogu ukaza Delbora,
kad razbi nalogu vojske kon Tabora,
da čast togaj stvora z Barakom razdili
i s ljudmi njih dvora ki biše u tom dili.
Jahele još sili hvala se pomina
jer kralja uhili od Kane Jabina.
Kadano bi smina Sisaru ubiti
kino k njemu plina općaše nositi.
Da to učiniti sama a samomu,
i čaval zabiti (j)ur pristrašenomu

laglje je ner tomu ki steć meu svojimi
prićaše svakomu da će vladat svimi.
Još je dika s timi i onoj ka Sibi
svitom svojim snimi glavu kako ribi.
Grad jur na pogibi tad Abela biše
i u toj potribi tim se slobodiše.
Da toj učiniše jednomu vele jih,
a njoj hvala biše ka na to svede jih.
Da ka meu veće jih sama vojvodu ubi
i tim zatira svih, koli slavni(j)a bi.
Palas smila ne bi toko ni Diana,
prizvavši joj k sebi s strilami Peana.
Ni kano Trojana kralju nos odrubi,
sasvim desperana, jer joj sina zgubi.
I keno suzubi muških vojask stahu,
jake kako dubi, hrab(r)o se nošahu,
na konjih ticahu prez sasa desnoga,
gdino prižimahu kopja bodežnoga.
Ne bi smile toga u obraz pozriti,
a smila je koga Judita zgubiti.
Koj poni Hipoliti, koj Pantasileji,
more se saviti kruna, ka je oveji?
Ni slave takeji dostojna, ka kada
ču na svojoj meji Babilona grada,
da se sam oblada, od nje se odvargši,
opet ga podklada, kose ne uzvargši.
Ni keno ner svargši nepri(j)atelja s konj
i život mu stargši, mečem sikući po nj.
Takov tada zakon biše meu Zamate,
nimahu taj poklon da budu mužate.
Ni ke Pira z bate rekoše odrinut
ispod Sparte da te, ali s njom izginut.
Zato od nje minut inamo ne htiše,
Pir osta ostinut jer se i one riše.
Ni ke, kad razbiše Cimbre rimske sile,
same se ubiše jer nisu hotile
da budu sidile žive pod inimi,

ner u boj hodile tada bihu s kimi.
Ni ona ka primi od Meleagra čast
jer parva meu svimi prostrili prascu mast.
Prascu ki svaku slast kalidonskih dubrav
(toku imaše vlast) gubljaše ne sustav.
Svih tih zajedno stav, ter Judite hvale
s hvalami njih pristav, reć ćeš: Njih su male.
Pri toj su ostale kako pri hartu zec,
pri sokolku gale, pri sunačcu misec.
Njih jošće slave breč po zemlji boboni,
po zemlji (j)e nje teč - a na nebi (j)e ni.
Juditina zvoni i visoko gori,
gdi (j)u s sobom poni, gdi su an'jelski kori,
Gdi su rajski dvori, kerubin, serafin,
gdi su svetih zbori, gdi Bog i Božji sin,
gdi (j)e svitlost prez tmin, radost prez pečali,
gdi ni konac ni fin dobru nje ni hvali.
A sad, ki ste iskali segaj svita slavu,
ki ste nastojali imit slug zastavu,
ki li dvigši glavu vojske ste vodili
i svita daržavu poda se podbili;
Ki ni svojoj sili, ni svomu blagu broj
reći ste umili, živeći u pokoj
i u raskoši svoj: vi(j)te, je l' dika ta
vaša takmena ovoj ka se Juditi da?
Ona se sada sja, vi ste u tamnosti.
Nju radost obuja, vi ste plačni dosti.
Ona je u milosti kralja nebeskoga,
vi ste u gardosti djavla paklenoga.
Tim ti se svakoga slava vred zamini,
ki zabivši Boga, svit ljubi i cini.
Da tako ne čini presveta Judita,
zato Bog učini da je blagovita.
Da se po sva lita i po vikov vike
hvala nje počita, nje pronose dike
po mora, po rike, po zemlje okol vas,
i gdi sve vernike sabire vičnji spas.

Jur poni svaki nas nju hti(j)mo sliditi.
Jur počnimo danas pobožno živiti:
moliti, postiti, ponizit dušu i put,
ostrine nositi, gizdav odvrići skut.
Daržat čistinje put, telu ne dati last,
da svagdan truda prut, da nam ne da napast.
U svem Bogu dat čast, a ne moći svojoj.
Da Duha Sveta mast pomaga vazda njoj.
Utišen'ja pokoj diliti ubozim,
prostiti nepokoj uražen'ja mnozim.
I svakim nemozim pomoći ne kratit,
i ka svakim mozim s ljubicom se obratit.
Ljubav ljubvom platit, ljubvom i gardinu.
Za zlih Bogu vapit da jim da dobrinu.
Ljubiti istinu, laže se čuvati,
ufan'ja slatčinu nigdar ne pušćati.
To t' su bili pati, za ke Bog gospodin
dostoja se obrati Juditu, kako t' dim.
Po njoj da zgasi dim Oloferna ljuta
i slobod poda svim ki čekahu pruta.
I ki jur ni muta nimahu ča piti,
lica suha, žuta pričali nositi.
Po njoj jih nasiti obil'ja mnogoga,
po njoj jih naparti blaga još svakoga.
Svi puci ćić toga veselit se jaše.
Ova hvaleć Boga radosno pojaše.
Svak, ki totu staše, uši gori napan,
pisan nje slišaše, riči svoje zapan.
Ovo biše pisan ku ja govoriti:
"Otvorite usan, počnite hvaliti
Boga i slaviti u cimbale zvone,
kitare udariti, psalm peti tone:
Bog bo potr one ki rat podvigoše.
Onim milost klone ki stav uzdahoše.
Zgubit nas dojdoše asirski odbori.
Toga ne stigoše, Bog njimi obori.
Dolce, varhe, gori bihu pokrilili.

Vod naših izvori bihu zavalili.
Požgat su pritili sela naša i stane,
žene z ditcom htili vest u svoje strane.
Inim dati rane, svih smartno sikući,
da Bog naš nas brane, njih slomi tukući.
Karvavca dajući pod oblastju žene,
sile njih hotući da budu smetene.
Zatoj ti spletene biše mnogim strahom,
razbjene i bjene karv smišaše s prahom.
Ke s nesmirnim bahom bihu nastupile,
a pak s ovim gradom bit se nisu smile.
Oloferna bile nisu mnozih ruke,
ni ga naskočile vojske, napan luke,
ni pojamši suke žiganti nesmirni,
ni od meči zuke ljudi boju birni.
Da u suknji pirni Judit, hći Merara,
i pameti virni pozorom ga vara.
Svarže s sebe stara udovna odila
i sta na njoj zgara zlato, biser, svila.
Rumena ter bila lica sva učini.
Pojde kako vila: tim njega prihini.
Tim sartce u pini stavi mu pak glavu
odkla kako svinji ali kako bravu.
Čut bi kako lavu vijan'je plača njih,
bižeći po travu kad vidiše mo(j)ih.
Ki jih tukaše svih, goneći kako skot,
sto tisuć biše kih i četarsta krat stot.
Božja bo to bi hot, tako da bigaše
okola pustiv plot. Naši jih stizaše.
Naši jih deraše, oni predajući,
naši jih rizaše, oni se ne rvući.
Zato sad pojući recmo u radosti:
Bože svemogući, kolike s' kriposti!
Ki tvojoj jakosti mogu bit opori?
Sve od tve strahosti terpi jer sve stvori.
Ganut se je gori i svita zemlji svoj,
kada ti odzgori, sardit pogledaš k njoj.

Da strah u kih je tvoj, bojeć se zgrišiti,
ti jim ćeš dat pokoj, ti jih uzvišiti.
A kino prititi narodu budu mom,
ti jih ćeš suditi i starti rukom tvom.
Pasti će s moćju svom u oganj neugasljit,
bit pića čarvu tom ki nigdare ni sit."
Zatim puk ja hitit u Jerosolim pojt.
Bogu se poklonit ki jih li ne hti ojt.
Hteć barzo tamo dojt, putem se varviše,
prišad, u tempal projt po vratangliše.
Saužge činiše gori na oltare,
zavite svaršiše prikazavši dare.
Stahu redom žare gdi se umivahu,
i tamjana pare svuda se vijahu.
Mirisi vonjahu, zvonjahu psaltiri,
popovi pojahu, odpivahu miri.
Sjahu kandaliri zlati, sedmostruci,
i bili dupliri, kako puri luci.
Dvigši obi ruci, a prignuv kolina
klanjahu se puci hvaleć Gospodina
Vesela družina mnogu čini radost,
jer kim biše tmina, slaja jim bi svitlost.
Juditina milost oružje pridava,
Olofernja oholost kim se oružava.
Koga joj tad dava puk nje kad u gradu
s plinom ujahava, vesel glade bradu.
U tempal da dadu tuj. Reče: "Čast Bogu."
I k tomu nadadu karzno na kom nogu
steriše, ki mnogu oholast odside
kad ona nebogu glavu mu odkide.
Tri miseci side u Jerosolimi,
tuj pi(j)ući i jide. Judita sa svimi
vele veselimi blagdane radosti
čini, jere primi dobitja milosti.
Paka u naglosti svi se razidoše,
kino bihu gosti, svak k svo(j)im idoše.
Da parvo pojdoše Juditu združiti,

od nje odidoše čtovani i siti.
Ona posta biti slovuća po svitu,
počaše ju čtiti više svih uznitu.
Zatim vazda svitu udovne čistinje
nosi na se zditu, odkol umri muž nje.
Do stare starinje živi u počten'ju.
Lakesis trudi nje ču tad u preden'ju,
Kloto u varćen'ju, Atropos pririza,
Kad ona življen'ju sto i pet lit stiza.
Grob ju on poviza u ki joj muž biše,
veće se ne dviza od tud gdi ju skriše.
Duh se veseliše da - puti tamnice
izbavljen - grediše gledat Božje lice.
Puk obrazom nice nad greb plačan zarča
govore: "Danice svitlost nam pomarča,
keno glas potarča slavan po svitu svem
i nju smart posarča, evo je u grobu sem.
Sama ka biše prem dostojna živiti
za napokonnji(m) dnem svih vikov, svih liti.
Ojme, da viditi nećemo ju veće,
ni s njom govoriti. Obrati nam pleće.
Utišit se neće, Judita, za tobom
puk ov, jer ležeće neć ga pri(j)at s sobom.: : 2075
Ti s' zaparta grobom, mi suze ronimo,
ubjeni smo znobom, ča ćemo, ne vimo.
Ti nam biše, vimo, utiha pečali,
a sada kopnimo prez tebe ostali.
Svi smo, evo, pali kako prisičen bor,
i veli i mali tebi upje: "Otvor!"
Otvor, ter nas zatvor s sobom u tom grebi.
S tobom umriti umor gorak nam jur ne bi.
Da gorko po tebi živit je življen'je,
svaki plače sebi da zgubi utišen'je.
Da zgubi učen'je svake riči prave,
da zgubi dičen'je svake s tobom slave.
Ojme! Da prez glave ostasmo marzal trup.
Sartce jadi dave, ostasmo pribjen stup.

Ojme! Tko toko tup i tvard more biti,
da bjen od tacih krup neće pocviliti
ali ustaviti pečalno tužen'je?
Gdi ste naši sviti, gdi s' naše počten'je?
Gdi si urešen'je, gdi si naša časti?
Gdi si uzvišen'je israelske vlasti?
Gdi si vela slasti svetoga života?
Gdi s' razuma splasti, gdi s' svaka dobrota?
Od nas se odmota, a sad ča čekamo,
ner da nam teškota nika pride samo!
Prez tebe predamo, prez tebe hoditi
ne umimo kamo, ni ča učiniti.
Ti nas zašćititi od zla umi(j)aše.
Ti nas obraniti od sile mogaše.
Sunce, ti nam sjaše u dne ter u noći,
dokla ti življaše. Tko će sad pomoći?
Timi žutki voći svi se pokladahu.
Take tužbe moći k sartcu privijahu.
Tako žaleć stahu. Osmi dan kad pride,
svi jure mučahu, svak na stan otide.
Sila ne izide koja bi zadila
sela ali zide sinov Israila.
Dokla je živila Judita na saj svit,
zemlja je u mir bila i potom vele lit.
Dan u ki bi dobit Oloferne čtiše,
svećen je vazda bit od tih ki dobiše.
Dokla ne podbiše pod jaram svu šiju,
pokol umoriše s proroci Mesiju.
Komu poklon diju, Bogu, spasu momu,
jere konac viju počitan'ju tomu.
Juditi u komu slava će bit dokol
svitu zemaljskomu počne gorit okol.
Ako li daj dotol dokla zemlja ova
bude na karte sfolj slovinjska čtit slova.
Trudna toga plova ovdi jidra kala
plavca moja nova. Bogu budi hvala
Ki nebesa skova i svaka ostala. Amen.

Ovdi svaršuju knjige Marka Marula Splićanina
svarhu istorije svete udovice Judite,
štampane u Bnecih po(m)njom i nastojan'jem
Petreta Srićića Splićanina.
Na svem Bogu hvala. Amen.

In Vinegia per Guilielmo da Fontaneto de Monteferrato ad instantia de maistro Marco libraro al signo del libro. Nel anno del Signor(e) MDXXI, adi XIII agusto.
Linclito Antonio Grimano principe vivente.

Suzana

Počinje historija od Suzane, hćere helkije, a žene joakina. Ovoj se zgodi u babiloniji, budući tamo zaveden u sužanjstvo puk israelski. Ovoj u versih složi marko marul splićanin.

Stvoritelj ki si svih, u tebi postavljam
ufan'je riči sih, ke peti pripravljam;
zato se ne ustavljam proseć milost tvoju
da po njoj upravlja[m] rič i pisan moju,
počitat u koju vernost budu žene,
ke pod muže[m] stoju, nad svimi počtene.
Pomogal si mene udovicu hvalit,
sad ove družbene hvale pomoz mi dit.
U svem će tebi bit čast svaka, Bože moj,
jer lipo govorit i dobro dar je tvoj.
A vi prim'te ovoj sve ke ste neviste:
nauk će bit vam toj griha da ste čiste
i parvo da biste volile smart prijat
ner s mužem ne biste verno hotile stat,
jer da ljudi poznat neće grih, ča prudi,
pokol ga će li znat on ki svaka sudi.
Budući u trudi babilonske uze
puk božji zaludi prolijuć tad suze,
od nje bo ne odpuze dokol, obtičuć svit,
sunce ne dopuze nakon šesdeset lit:
ondi ja s njimi bit muž počtena roda,
Joakin ki je dit, ki, nimajuć ploda,
pojat mu bi goda u mistu tom znanu,
tako se prigoda, divicu Suzanu.
Odkoljiše manu, po pustinji hode,
zora ne prosvanu liplja do te dobe,
kuda godi hode putem postupaše,
svim ki mimo hode oči zanošaše.
Svak joj se čujaše govore: krasnije
od nje da ne znaše. Hći biše Helkije.

Bile biše šije, a čarnih očiju,
glavice milije ner ti reć umiju.
Obarvi ter viju, nad kimi staše val,
ako reći smiju, Bog biše upisal.
Tko bi podaleč stal, rekal bi: rumen cvit
od ustje nje procval ali ružice list.
Obraz od sniga slit, ne ki je sasvim bil,
da s kim bi smiša[n] bit grimiza niki dil.
Suknja razlicih svil der do tla nizoka,
kip rasta gorskih vil, tanjahta, visoka.
Razuma duboka, mogal bi se reći
do koga hoć roka, ki bi umil izreći,
dostojno hoteći hvaliti i dosti,
uza nju tad steći, sve njeje liposti.
Da veće kriposti izvarsno cvatihu
umi ter mudrosti kih ine nimihu.
U družbi živihu lipost i počten glas,
složili se bihu kakono s tistom kvas.
Bud da je riji klas od takova žita
ner je na glavi vlas kom skljuuju lita,
li ova t' procvita tim cvitjem obojim
kako voća kita sa vrimenom svojim.
A to darom tvojim, Bože, ter milostju,
na nebi sad kojim prosiva svitlostju
u rajskom blagostju, gdi ni nijedan trud,
jer svojom kripostju potlači svit i blud.
Znaše bo pravdu i sud i zakone tvoje,
i zato jimiše ćud ku ima svet tk[o] je.
Roditelje svoje umiše čtovati,
njih nauk tokoje, i svih poslušati
i od njih primati sve riči ke s' račil
Mojsesu ti dati kad si s njim govoril.
Takov je poni bil zakon i red u sve
činje[n'je] njeje dil: tebe ljubit nad sve
i prija blago sve i život izgubit
ner za toj i za sve u nič ti zagrubit.
Počteno se nosit najdraže iman'je

njoj biše ter imit u Bogu ufan'je.
A muža nje stan'je biše poglavito
u toj tad daržan'je, veruj stanovito.
On vino i žito i uli imiše
mnogo svako lito; Joakin to biše.
Veće blag ne biše tad meu Žudiji
ni ondi viviše ki plemenitiji
ali počteniji od puka ki tej dni
u Babiloni i za grih odveden bi.
K njemu Židove svi kupljahu se svak dan
kako ka knezu ki svakomu biše znan.
Imiše širok stan mramorjem sazidan,
iznutra ter izvan kolurju napisan,
doli pak nanizan klondami i sveden,
po klondah ulizan, lašćeć kako meden;
uza nj tarzan zelen mirisne travice,
srid nje zdenac studen prebistre vodice.
Okolo stolice kamene stojahu,
nad njimi lozice sincu im činjahu;
kon njih se vijahu stabla perivoja
ka se zelenjahu, ne biše jim broja.
A svaka njih hvoja voća puna biše,
šušnjaše jim foja kad vitar hlopiše;
totu bo rastiše varsti svake drevje,
pod kimi sin biše, dubi, hrasti, jel'je;
čeprisi ter borje, ter varbe ze[le]ne,
zeleno i javorje, zgor loze vedene,
jabuke rumene i tkunje žutice,
a kon njih sajene mendule slatčice;
pak smokve krivice2 i zam[o]ršćice, kih
rado kljuju ptice kad zrilih vide njih.
Orasi nakon tih, lišnjaci, kostanje,
i kruške slaje svih i šipci nemanje,
i ke na pečanje3 naranče nažimat,
al, rižuć na manje, općimo vazimat.
Višnje ke budu imat žerak i sladak sok,
črišnje ke pojimat dobro je izid smok;

i praskve kim ni rok targane da stoje,
jere jim sagnje bok kada dan pristoje;
da ne tako koje kladu gnjile na sto,
davno snete s hvoje, oskorušve su to.
Biše jih stabal sto, ke kad isušahu,
sedam badanj i po punih namirahu.
Tuj se još targahu šešarci visoko
i ki jur čarnjahu rogači nikoko.
Zdol poljem nizoko miris slaji staše
ner besidom koko izreć se mogaše:
blažak se bušaše s murtilon zelenom,
ruta uzhojaše i mažurana s njom.
Jošće stranom jednom sve rusmarin biše,
malo niže pod kom red rusul restiše;
uz taj red grediše još jedan red žilji,
od kih snig ne biše, kad prem pade, bilji.
Kaloper sa smilji, s garufli viole,
lica od berilji našvenih postole.
Lasa dir ki vole, ni pentur na svit bil
toli hitre škole sve spengat ki bi umil.
Mnju, bi trudno zbrojil zel'ja tere fruti
ali kad takov mnil vartal listo čuti
na ki čalun spluti mogu se koluri
ki bihu tuj, tuti svitli, živi, puri.
Lake ter azuri, kad su bili sobom
tolike valuri, stakmil da bi s ovom
razlikom lipotom ka se snesla biše
u perivoju tom, ki tako cvatiše.
Po njemu teciše vrućak vojen posrid,
kon koga pasiše stado pitomih črid;
o krajih, zad i sprid, ptičice pojahu,
svijajuć čaše gnjizd, u kih se plojahu.
I ki dohojahu: pravo je žardin saj,
s čudom4 govorahu, niki zemaljski raj;
ako je slava taj žardina takova,
pravdene duše raj jest ali kakova?
U koj ni zla slova, dobrom vazda plodi,

kako zemlja nova ka pšenicom rodi:
trudeć se da zgodi poniženʼjem Bogu,
ne da se gospodi, kloni kruh ubogu;
žive po razlogu5, u carkvu dohodi,
hvalu čini mnogu, molitve ne ohodi;
urešena hodi pravdom ter kripostju,
čista se nahodi, sva cvate milostju.
Vikomnjom radostju Bog ti nju odiva,
svit s njega žalostju kad ona pušćiva;
žardin pravi biva ne gdi človik tlači,
da gdi Bog pribiva kako u polači.
Raduj se, ne plači, človiče, ni bud lin
Boga hvaleć, grači, imaš liplji žardin
ner imi Joakin ni njega gospoja,
ako po taj način žive duša tvoja.
Sad kitara moja obarni glas k onoj
dostojna je koja da se da kruna njoj
nad sve ke vrime onoj mužate hojahu
ter u zemlji tujoj zagnane stojahu.
Jur se razhojahu s polače o poldne
i tja odhojahu, toplina goneć nje,
kad Suzana, ne mne da ju tko vijaše,
slobodno šetat mne, u vartal ijaše,
hladišća zbiraše, li Boga hvaleći,
da ju tko pažaše, ništor ne sumnjeći;
da dva ki sudeći totu prisidihu,
kasno se dileći, napokon idihu.
Popi se zovihu, kim obima dv[i]ma
mnoga lita bihu, a malo razuma,
Razum pravi fuma nima oholosti,
ni ostavlja druma duhovne kriposti;
i griha gardosti veće se uklanja
ner riba suhosti, nav sike i skanja.
Da mnoga poganja ovih dviju biše
i zloćud ne manja. Svaki jih umiše,
ča u njem diviše, pokrit i tajati,
ne hteć ča imiše na sartcu kazati;

mogahu se zvati grobi bili izvan,
iznutra imati ki budu gardak stan.
Svim se vijahu dan, a markla noć bihu:
toko biše neznan njih grih ki imihu.
Ovi zamirihu Suzanu mučeći
kada ju vidihu u vartlu sideći.
Li u nju zarčeći, uzčudiše se; stav
ter hudo misleći, zajdoše u ljubav:
stahu kakono lav košutu kad preži
kako bi nju ustav pritiskal gdi leži;
ali ki ne reži, ner čeka ujisti, pas
ter o tom jur teži da poteče taj čas:
stiska se, hlepi vas, gori glavu dvigne,
ča želi jat danas da skočiv dostigne.
Svaki da odbigne od Boga, odluči,
a volju da prigne na zlo ko jih skljuci;
sarce jim poskuči kako ki otide,
ki se parvo ruči, opet parvo pride.
Da malo poside, staše se tuj kada,
ka van pri ne izide, misal znaše; tada
riše: Naša sada volja je jednaka
i tuj imit rada za kom se potaka.
Eto prez junaka totu smo se stali,
nitkor nas ne saka kad smo tuj upali;
polakčav stupali, libe se, pojdimo
ter niz onej skali dolika sajdimo.
U vartal idimo pod onaj slimena
ter se muče skrijmo čekajuć vrimena. -
Nimahu imena božjega na pamet6,
da djavl[j]a simena puna biše pamet.
Biše svaki njih szet ljubavju nečistom,
svuda svezan i spet zamčicom tom istom.
Tako steć za mistom gdi stablo jablana
šćićaše njih listom - i dojde Suzana
s dvi rabe, neznana ča se barši o njoj,
ke pečali rana zadit se hoće njoj.
Mnogi tad biše znoj, krisove nesmerne,

reče rabam zatoj: Rabe moje verne,
pojdite operne k shranam ke uzdarže
urehe biserne, dones'te najbarže
masti ka se starže s driva baosamita
kada sok izvarže narizana kita.
Još ul'ja nalita da je čašica, vim,
ter kartom povita: i nju dones'te, s tim
da se namažem svim kada se operem
i suj toplinu tim od sebe odrenem.
Odovdi ja ne grem, a vi toj hitite
i vrata vartla prem za sobom zaprite,
da človik, ni dite, ni ini dojde tuj,
a kad se vratite, da put namažem suj. -
Idoše i samu nju u vartlu ostaviše,
i pri ner stvar ovu one opraviše,
starci se spraviše i potekoše k njoj,
ča htihu praviše tere rekoše njoj:
Eto na misto toj nitkore ini ni
nere ti sama koj ljubav nosimo mi.
Vanka su ini svi, vrata otvoriti
ni može tko, ni smi. Tko nas će viditi?
Zato ugoditi nam ne krati sobom,
jer se poljubiti odlučili smo s tobom.
Ako li neć, Bogom priseći ćemo steć
mladića da s tobom zatekosmo ležeć.
Da toj ne vide hteć, rabe s' odpustila,
nitkor da je tuj mneć, s njim si se ljubila. -
Staše ublidila Suzana u strahu
kakono prizrila jabuka u prahu.
Uda joj darhtahu kakono taršćice
kimi tuj gibahu vitri kon vodice;
plačuć pade nice, sama se bijaše
rukami uz lice ter gorko uzdihaše.
Suze prolivaše nevoljno tužeći,
paka govoraše sagrišit ne hteći:
Ajme, toj slišeći ter da sam odsvuda
stisnuta videći, bižat ne umim kuda.

Ako dila huda s vami tuj učinim,
kako božja suda uteć mogu, ne vim.
Ako li ne učinim ča budete hotit,
ruke će vaše, vim, mene pravu zgubit.
Da volju ne prostit životu ovomu
ner tako sagrišit gospodinu momu,
ufan'je u komu vazda stavljat haju,
zato t' grihu tomu pristati ne haju.
Platit će Bog vaju ki tako činite;
pravda da je u raju ali vi ne mnite? -
Zatim kako dite suzeći vikat ja,
bojeć se da prite ino ne učine ča.
Vapaj videći ta, viknuše i starci;
ču pastir niki i sta mneć da su tovarci.
Mnil bi da su jarci, brade da jim zgleda;
petesi kljuvavci, k nosom da prigleda.
A da svih razgleda, tako se meni mni,
rekal bi: Goveda taka su kako vi. -
Debljega od njih ni človika tuj bilo,
zato mislimo mi ča biše njih tilo!
Pjahu vino cilo7, meso šapranjeno
jidihu pritilo i još papranjeno,
i ča napra[v]ljeno bude na tarpezi
kada je sta[v]ljeno da jidu hercezi.
Svih jistvin lavezi bihu tarbusi njih,
zakona ni lezi ne biše nike u njih.
Takaj objist u kih gospodovat bude,
dobrotu u onih hudoba dobude.
Takovi da sude, tko more kuntent bit,
al tako[v] da blude popovstvo hteć nosit?
Tarbuh bo pjan i sit slidi puteni blud,
čistoću pronosit njemu je teško i trud,
i kad sidi na sud8 tere je dar prijal,
neće molit zalud ki mu ga je pridal.
Daleč sam zaridal, vrime se je varnut,
gdi sam vapaj slišal koga moćno bi čut.
Gledajte dobro nut ča će se zgoditi,

to t' će sad moj leut zvoneć govoriti.
Jaše se shoditi sluge Joakina,
starci govoriti ča biše vašćina.
Ka rič vele ina od one čut biše
kuno sva kolina židovska hvališe,
svi se zamamiše, jere nigdar takov
glas čuven ne biše tad bi rečen kakov.
Kakono na nakov bjeno oslabiše,
lice tih junakov toko zasrami se;
u tugu stavi se pečalna obitil
i stoga zavi se u čarn rušan mantil.
Plačan je svaki bil, nitkor sarcu ne da
pokoja; ti bi mnil martvu da ju gleda.
Jad garlu priseda od toke netore,
ona strahom preda jer ju pravu tvore;
ne da ju umore bojeć se, ner da od nje
glas koga govore ostane nakon nje.
Dali uzdan'je nje u Bogu ko stavi
vazda biše u nje, nigdar ju ne ostavi.
Sunce se jur zavi za more dolika,
dan za sobom zani, noć osta gorika.
Svu noć dijabolika družba starac dviju,
misleć zla tolika, ne saža očiju:
taj nesan bi njiju; da ini Suzane
i bližik nje sviju, kimi briga gane.
Ona ne sustane tužeći se Bogu
i moleć: kad svane, da pozri nebogu
ter u to[m] nalogu krivine, ku čuje,
po pravde razlogu došad obaruje.
Neka se očituje laža, himba, zloba,
kako potribuje varlost i hudoba,
kom htihu taj oba karv njeje proliti,
a svu u toj doba sramotu pokriti;
a to t' neće biti, jer će laž iztašćat,
Bog će toj hotiti, istina čista ostat.
Poče zabiljivat zora, s istočnih stran
sunce se podivat, jur svanu svital dan.

a Joakinov stan skupi se tada puk
i ne dili se van, totu se jur zavuk,
dokla moć božjih ruk, ka svuda dosiže,
lažu pravdom potuk, istinu podviže.
Kad [s]e svak tuj slize, došadči popove,
postupiše bliže, gdi stahu stolove;
na katidre nove visoko sedoše
ter tu riči ove tudje podvigoše:
Zovite, rekoše, ovdi hćer Elkije,
jer dilo nje loše hoće da se ubije.
Čano tko usije, ono t' i požanje,
i požav izvije veće ali manje.
Kruh kino kralj zvan je čist da je, budeš mnit,
a jida poganje drugda bude imit.
Veruj da more bit ča nigdar mnil ne bi,
a to se neće skrit, puče, sada tebi;
svak se čudi sebi, da hteć se natklonit,
odnam zatvor grebi, nosa će odklonit
ter će se uslonit na rič ka je prava,
pravdi se poklonit, da je Bogu slava.
Suda je neprava sudac i človik on
kino ne pristava da se spuni zakon. -
Od tih besidi zvon himbeno zvonjaše,
dobar imiše ton, a hudo mišljaše.
Jošće puk ne znaše ča izreć hotihu,
zamamljen čekaše da čuje nje zgrihu,
od keno svi mnihu da su ćudi čiste,
kakono i bihu nada sve neviste.
Nju i rod nje iste tad dozvat ne bi lin
vladike Kaliste ki totu biše sin.
I [o]to t' Joakin i žena grede s njim,
za vidit toga fin, i s rodom svojim svim.
Zlovoljnu grihom tim Suzanu htijahu
obvrići starci, kim izgubit mišljahu;
smiljen'ja nimahu. Ona poniknu[v] sta
jer ju zloglašahu vašćinom ku ne zna.
Pečalna biše sva da ju ne osude;

li ne hti pojti tja dokla ju ne sude.
Tad oni ki žude hudobu svu tajat
rotom laže hude počeše obnajat;
Boga se ne bojat nju pravu kriveći,
od ljudi sram nimat svim pukom hineći.
Ustaše i steći da glavu odkrije
riše, vidit hteći čano jih još grije.
Odkri se i vije dvignu, pozri gori
da ju Bog od jije otme, ki sve stvori.
Oni tad uskori, posrid puka stoje,
na glavi nje zgori staviv ruke svoje,
rekoše: Ovo je ku dojti pitasmo,
a od nje stvar to je ku mi dva gledasmo.
Pošadči šetasmo po perivoju tom
ter nju ugledasmo i nje dvi rabe s njo[m];
ke kad odsla domom i jur pritvori vrat,
mladac stazom jednom dojde k njoj i ja stat.
Kako da bi bil tat, poče se obzirat
pak, nju za garlo hvat, ča htiše pribivat.
Takoj mi zamirat počan, potekosmo,
da tekuć ponirat, jat ga ne mogosmo.
Nju jamši, rekosmo: Tko s tobom biše, tko?
Zamani soposmo, ne hti nam reći to.
Mi smo vidili ovo, vam svidočimo tuj,
di sliša sve mnoštvo, sad vi sudite njuj. -
Čuvši besidu suj, viru jim podaše
ter pravu ženu ovuj na smart ko[n]dem[n]aše;
jere pogledaše na starost, čast i broj
ovih ki pravljaše da su vidili toj.
Pismo bo veli ovoj: da rič, svidoči ku
jazik troj ali dvoj, verovat imaš nju;
koliko veće us tu da popove bihu
i sudci, i lit, mnju, veće svih imihu.
Svi poni hotihu zakon obslužiti
i, ku krivu mnihu, kamen'je[m] pobiti.
Ona ja vapiti: O svemogi Bože,
prid kim se sakriti ništore ne može,

s nebeske ti lože otajstva sva vidiš
i sudiš. Tko može reć da ča ne vidiš?
Svaka ti prividiš, svaka t' su otvorena,
svaka razuvidiš pri ner su stvorena.
Ti znaš potvorena da sam ča u mni ni,
lažno su smišljena svidočtva pram meni.
Pravden si, Bože, ti, ne htij me ostaviti,
kako tva milost vi, rači me opraviti;
rači me zbaviti ovoga priroka,
premda pribaviti života neć roka:
težina ni toka umora trudnoga
vašćine jest koka i glasa hudoga. -
Tako ti neboga pojaše tuj pisan
i glas nje, do Boga došad, bi uslišan;
i zato pedipsan bit će ki zlom vori,
ki, budući grišan, grihom pravih tvori.
Da ti, koga mori jazik nepravdeni,
znaj da Bog govori: blažen progonjeni,
blažen nevoljeni za pravdu ki bude,
ni bati gvozdeni njemu t' ne naude.
I kino ga hude, kunu, psuju, biju:
njemu ti ne prude, sebi grih nadiju.
Van'jel'ja ti diju: ne hti strah imiti
tih ki moć imiju samo put zgubiti;
da hoti nositi onomu strah i čast
ki more zabiti put s dušom u propast.
Li gorkost i neslast neprava sujen'ja
bližnjim nje ne da last, poljuti tužen'ja;
jer znahu zgrišen'ja u njoj da nisu ta
kriva svidočen'ja njoj napartiše ka.
Joakin tada zja prid starišinami
tere vapiti ja s plačem i s tugami:
Ojme, koja vami naglost takoj ganu,
vašimi rukami dat nam smartnu ranu.
Ni čekat da stanu ter da odgovorim
za moju Suzanu i nje prav otvorim.
Ča ćete da stvorim, pokol odlučiste,

pri ner progovorim, s njom me razlučiste;
nepravo sudiste, toj smiju reći vam,
jer ne dopustiste prav našu skazat na[m].
A ja ti dobro znam hudobu starac tih,
ku me je reći sra[m] prid licem vaju svih.
Da ča ću svadit njih, krivi jimi ste vi,
razbora ja ne mnih da toko u vas ni.
Ne scineć ča su i ki, ki lažu tvoriše
pram ovoj u koj mi znamo ča živiše,
verovani biše hinbe napunjeni;
ki pravo hodiše, ostaše osujeni.
O Bože pravdeni, vidiš da takova
zgodiše se meni nikomur kakova;
ne bih rekal slova da bih ne znal viru
ku vazda nosi ova s kom 'vo sad umiru:
toliku nesmiru hoće li podnesti,
a ki suz utiru pravih ne unesti
od ruk njih ki svesti smili su krivinu,
ne misleć podsesti tve pravde istinu.
A ti, ku stvar inu, ženo mila, čekaš,
na tuj smart nemninu pojti jur ča predaš?
Bogu i meni znaš da prava jes u tom,
utišiti imaš sebe misal'ju tom.
Utišen'je s tobom budi tva vernosti
i tva dobrota s njom, u koj ni ckvarnosti.
Tim bud'te žalosti, kih krivih ubiju,
ne kim u naglosti pravim smart zadiju.
Dušu svoju biju kino pravih kolju,
njim škodu ne diju, premda jih zakolju.
Tuj grih u nevolju vikomnju ne goni,
da svoj, kino volju krivim putem goni.
Ki ustarpi poni muku, smart i škode,
ne sagriša oni pravom stazom hode:
ustarpin'ja brode dovode na pokoj,
gdi se sveti shode, taka je kripost toj.
Tarpili su takoj i sveti proroci
podnoseć smart i boj, pravdom pašuć boci.

Puka segaj otci raztarše Izaiju,
zatim, tekuć roci, pobiše Hjeremiju;
takoj Zakariju i mnoge još ine
i s njim[i] Uriju. S nepravde svit gine.
Da on ti ne gine, o Bože, ki na toj
složi: pri da zgine ner slomi zakon tvoj.
Zatoj se ti ne boj, ženo; tuj nalogu
podnes i kripko stoj, budi prava Bogu:
ali t' će on mnogu plaću za toj podat
ali, primak nogu, oteti i ne dat.
Utešen ću ostat ča godi se zgodi,
da veće ako pristat bude da slobodi;
jer prez tebe ovdi kako ću s' obiknut,
biser da mi rodi, neće mi se viknut.
Daj tim ću dostignut koju godi lakost
kad misal uzdvig[n]ut budem ti na slatkost,
kuno tvoja lipost i tvoja vera ta,
posluh tvoj i kripost životu momu da.
Bolest ćeš biti ma, od mene da odpade;
radost da sa mno[m] sta kada me dopade.
Ni kare ni svade naša ne ču ljubav,
do konca u sklade tarpil je život prav.
Zato u Bogu stav sarcem misal tvoju
i njega ne ostav, dat će t' milost svoju.
Milošću sad moju pri tebi ostavljam,
li još te ne ohoju ni s' tobom rastavljam.
Ufan'je bo stavljam i uzdam u Boga
ter se vidit spravlja[m] konac suda toga. -
Govoren'ja svoga on rič prostiraše9,
Suzana neboga suzami ronjaše
ter muče slišaše jadi pojavljaje
i gorko pihaše s njim se razdiljaje;
on, rič ustavljaje, milo ju zagarli,
lice s licem staje, jadajuć u garli.
Toj ne bi u harli, dugo se daržaše,
nisu suz utarli dokla se rastaše.
Pak ju pozdra[v]ljaše redom svi od roda,

svaki od njih cviljaše, obraz plaka voda.
Zatim malo toga jaše nju voditi,
a oni jur stoga povećma tužiti.
Ja plačem zvoniti i vapjem oni stan
kad jaše goniti da jure pojdu van.
Svaki bližnji ter zna[n] blizu nju slideći
gredihu, dvižuć dlan u nebo moleći;
Bogu govoreći: O Bože, dostojaj
smilit se videći da prava jest ovaj
ka voli život saj ostavit počtena
ner živit u grih taj da je nepočtena;
vazda ovaj žena mnogu ti čini čast,
ne daj da je ubjena, pomoz ju tvoja vlast! -
Da kim biše oblast vrimenju smart zadit,
vrimenju skončat slast, li htihu ju ubit
nastojeć nju vodit ka mistu onomu
rekoše ju pobit kamen'jem na komu.
Milost božja k tomu hoti prigledati
ter puku ovomu ubit nju ne dati;
hoti ukazati milosardje svoje,
a ne dopušćati da zgine prav tko je.
Ništar ne postoje, ditetce nadahnu
ki, srid puka stoje, besidu iskahnu;
i pri ner pridahnu, čuvši ga svi, staše,
svak stope uzmaknu, svi ga pogledaše.
Jošće ne imaše lit deset rasti sve
tere vapijaše: Čist sam ja kervi te. -
Riše mu: Riči ke, reci nam, jesu toj,
Danilo, totu ste? - ime mu biše ovoj.
A on smino ustoj većma ja vapiti
tere skupšćini svoj tako govoriti:
Tako l' osuditi tuj izraelsku hćer,
o puče mahniti, na smert hotiste der?
Sud ne čineći ver, ni hteći razabrat
tih starci dviju kler ča je htil nalagat.
Varnite se! Saj trat, kriva svidočtva sud,
pravo je retratat, a ne upast u blud. -

Vernut se ne bi trud, opet se skupiše
vidit svidokov ćud ki ju osvadiše.
Danila činiše da sede posrid njih
ter mu govoriše tad starišine svih:
Sedi ter sud ovih dajemo čast tebi
kladuć te više svih, Bog te obra sebi;
taj bo razum ne bi vidil se od tih lit
on ki je na nebi da s tobom ne bi bit.
On ki je stvoril svit i ki zna dila svih,
tko je prav, tko kriv mnit, hoće da sudiš tih. -
Reče jim: Dviju sih razlučit imate,
da sud pravad bož[j]ih od mene slišate;
tere da poznate ča starci lagaše
kada jur uznate ku misal imaše. -
Pokol jure staše razdruženi taj dva,
kako on veljaše, jednoga k sebi zva.
Reče mu: Starost tva u zlo se stučila,
platit će dila sva ka je zlo slučila;
krivih je pustila nepravo sudeći,
pravih osudila zakon ne uzdaržeći.
Gospodin veleći: brezgrišna ne ubij,
pravdena videći, smarti mu ne zadij.
Reci mi sada gdi jesi vidio nju
i s onim mladcem ki k njoj dojde tada tu.
Rec mi: pod voćku ku stavši se ljubiše,
pokol ti stvar taku reče da činiše. -
On reče: Zapriše vertlu vrat zaporom,
a paka sidiše pod gorskim javorom. -
Ostrim odgovorom Danil ga opsova
da takim potvorom taku laž ukova,
govore: Laž ova, haj starče nečisti,
k tomu se osnova da tebe posvisti;
na glavi t' će sisti i g zemlji te pribit,
tako t' će prisisti da će te pogubit,
meč će te raskusit suda nebeskoga
jere ti osudit smio si pravoga. -
Odpeljav parvoga, Agaba po ime,

zva k sebi drugoga ki staše sa svime.
Reče mu: O sime Kajina, ne Jude,
pritisnu te brime tvoje volje hude;
pameti si lude, prihini te lipost,
tko bo se ne bljude, pasti će se niz most.
Smami ti put i kost tva mahnita želja
ter manenu starost do jame dopelja.
Bludom vazda melja himba vaju tere
priteć u strah pelja izraelske hćere;
one se k vam stere, s vami govorahu,
za vami se vere, hoteć se topljahu.
Smarti se bojahu, a ne Bogu zgrišit,
zato t' ne hajahu zakona ugrišit;
da život razdrišit Hel[k]ije hći voli
ner zakon ulišit: verna biše toli.
Sadjere ni koli stvar inu počitat,
tuj mi rec pri stoli ča te budem pitat:
Kada se vi sticat počeste k njoj poni,
pod kim stablom ticat jaše se tad oni? -
On usta odkloni i reče visoko:
Pod borom ki kloni sincom u široko. -
Haj, haj, ali toko smiste lagati vi -
reče Danil - koko poganin sminan ni?
Da Bog, ki svaka vi, s nebes posla doli
an'jela, tebe ki prisiče napoli. -
Vidiv svi okoli da su svidočtva tih
raztučita toli, poznaše himbe njih;
poznaše da oni svih lažom ugnaše u blud,
ubit Suzanu kih odlučil biše sud.
Prokleše starac ćud kino su lagali
ter dati pravim trud s himbom su napali;
pak su se ustali k nebu ruke dvižuć
i veli i mali Bogu zahvaljujuć.
Jer ki, njega čtujuć, u nj ufan'je stavlja,
on njega milujuć nigdar ne ostavlja.
Sveto pismo pravlja: ki ufati bude
u Bogu, opravlja smućen da ne bude;

koga li dobude hudih dili napast,
Bog ti ga zabude, uzletav hoće past,
ojme, tere dopast paklenih djavljih ruk,
nigdar od njih odpast, jure se k njim zavuk.
Tako ti ovi puk, tako t' svi govore,
metaše u klobuk da sudom pritvore;
pritvoriv, da stvore tim dvima smart pravo,
ki htihu da umore Suzanu nepravo.
O božja opravo, moć tvoj[e] istine
ča brani, jest zdravo, ča ne brani, gine.
U tebi ni hine. Oni se ne ganu
ki volju tvu čine, u tebi t' ostanu;
ovim ti ne svanu ki se ne bojaše
da protiva stanu istini ku znaše.
Inih ti savezaše opako rukami
tere jih pognaše bijući nogami;
saržbe vekši plami žežiše bo puka
ner oganj u slami unićen kad buka.
Zato njega ruka toli ljuta biše,
jer od srama skuka da dva svih hiniše;
da dva starca smiše svim pukom voditi,
lažuć kuda htiše krivo svidočiti.
Svi poni hititi da jih peljaju van
jaše ter hoditi, pustiv za sobom stan.
Grih njih svim biše znan, svi ti jih psovahu,
u pleća, u parsi dlan, naprid jih tiskahu;
a oni hojahu poniknuvši nici
jere se sramljahu dvignut gori lici.
Tako razbojnici oni dva gredihu
židovski vojnici kada jih vedihu,
kih obisit htihu goneć iz grada van,
svećali toj bihu, Isusa obistran.
Smart njih bi tacih ran, inacih oviju,
kih izved oni dan, ubiše obiju
smlativši jim šiju stinami hitaje,
dokla jih ubiju, nigdir ne pristaje.
Oni se zibaje, malo se vartiše,

udorce primaje, pak sobom udriše:
tako t' umoriše obiju. Konac taj
laže njih imiše: to t' kažu pisma saj.
A ti ki čteš, ne daj da tobom oblada
volja nika takaj ka panjke naklada
ter druzih razklada i psuje i hudi,
ništar ne otklada da komu naudi. -
Boj se božjih sudi, takih Bog ubija,
čuj se lažnih ćudi, laža zlo navija.
A toj ti napija laž Jeci, cića ke
gubav se zavija, kako se u knjigah čte.
Nitkor hudobe s te neće dobro imit,
svi se hine ki mne da jim će laž probit.
Poni se uklonit svaki laže nastoj
i na pamet imit da je hći djavlja toj.
Istine ne ohoj, Bog se tim naziva,
s istinom vazda stoj; tko u njoj pribiva,
u Bogu počiva i Bog počiva u njem,
Bog ga ne zabiva pomagajuć u svem,
kako Suzanu prem, ku hudi hoteći
ubit, bijući bi[č]em, on ote braneći,
dostojno, videći da nju biše branit,
kano, ne cineći život ni glas shranit,
voljaše se stravit vašćinim zgubljen'jem
ner dušu udavit skrovitim zgrišen'jem;
voljaše s naujen'je[m] zla glasa umriti
nere s nepočten'je[m] otajnim živiti.
Ku toko hvaliti starih mogu slova,
hvaleć govoriti da je kako ova?
Ni bila takova ni Penelope, ka
verno vrimenova dokla muža ščeka.
Ni kano ne čeka Alcesta obrati,
da muž živ počeka, sama smart prijati.
Ni kano ostati, kad muža izgubi,
ne hti, da skončati s' žeravom u zubi.
Ni kano zagubi i čini zaklati
ki ju silom ljubi, vernost hteć skazati.

Časti dostojati Sulpicija ne bi
mogla, ku imati dostojna ova bi;
istina premda bi da Rim u vrime nje
iznašal nika bi počten'ja [još] od nje.
Da toj počten'je te, nevoljom skušeno,
ni bilo kako se, ni tako strušeno.
Dilo uzvišeno Lukrecije onoj
bilo bi sniženo da se priloži ovoj.
Prista ona u toj, zgrišit a ne zgubit
počten glas, i zatoj sama se hti ubit.
Suzana zagrubit Bogu ne htijaše,
zato ni glas zgubit, ni život hajaše.
Toj se pristojaše njoj ka veće Boga
ner sebe ljubljaše. - Takoj ljub'mo toga,
ljub'mo ga samoga nada svim, ne hteći
cić straha nikoga zgrišit zlo čineći.
Takovu videći Suzanu, svi staše,
ter se veseleći, Bogu hvalu daše;
pak se popeljaše opet na oni stan
tere se čtovaše vino lijuć u žban.
Ki bi ki ne bi pjan, kunfete nesihu
u pehare na dlan k onim ki sidihu.
Jedan tih ki pihu žmul k ustom potoči;
lakat mu zabihu, žmul iz ruk iskoči
ter zveknu o ploči, vino zali usta
i lica i oči, meu svimi smih usta.
Joakin gori sta i tim ki se čtiše
zahvali svim dosta da pravdu činiše.
Odtada nosiše počten'ja velika
Danilu, ki biše razuma tolika
svi stari kolika tad ne mogoše bit,
a on mladolika lita počan nosit.
Toj bi kad poče imit babilonsko misto
Perses kralj ter živit Astijaga na misto.
Ne ostaje ništo počitat od toga
nere tako listo da slavimo Boga,
pravda i sud koga pravih obarova,

a smartju krivoga dostojnom darova;
a nam pisma ova da milost složiti,
u kih čast takova Suzani će biti
daju će hvaliti neviste, hoteći
počten'je imiti nje stope slideći.
Toj more brodeći, s fortunom jadrismo,
more nas kropeći, jadru skut unismo;
i Boga molismo da bi pomogal nam,
i njega vidismo greduć po vodi k nam.
Tada strah nam odnam, vali se sravnaše,
vitar veće ne dam; Bog bo toj veljaše.
Svak se veseljaše, tiho se vezosmo,
kraj se zelenjaše, u porat dojdosmo.
Pokol tuj sedosmo, otuje ne idimo,
zdravi se svedosmo, jure počinimo.
Samo pomenimo mužaticam ženam
tere jim recimo: Oto Bog kaže nam
koli draguje sam onih ke počten'je
uzdarže i veru nam u čisto življen'je.
Ne pad u zgrišen'je prezzakon'ja huda,
ne imaj mišljen'je, ženo, svita luda;
bolizni i truda Bog te će slobodit
ako, bižeć bluda, pravo budeš hodit.
Neće te dat pobit zlorikim jazikom
ni pustit ulovit laže himbom nikom;
milostju razlikom hoće te napunit
i čast ju velikom blaženstva ukrunit.
Jošće ću ponudit mladoga ki želi
sam sebi naprudit spuniv ča Bog veli.
Zakon bo na[m] veli da tko žene ine
ner svoje poželi, jer tim grih[om] gine.
Ne stoj gdi počine, ne gljedaj kud hodi,
ne sliš ča začinje, ni ke riči svodi.
I gdi tance vodi, daleč se ukloni,
i kad mimo hodi, oči s nje odkloni.
Vazda se zakloni od ženske općine,
na svit se nasloni u komno ni hine.

Jer ako vrućine od ženske liposti
starcem, kim karv sti[n]e, zahode u kosti,
kako će mladosti, ko[n] ognja hteć sidit,
vruće same dosti, vrućinu ne imit?
Kako će sigur bit koga mladost vari,
ako bludom gorit mogli su i stari?
Pisan ma sih stvari kanat na stol pridaj
od božjih oltari i rec: O Bože, taj
prijat tvojih dari pisma se dostojaj,
ki vladaš sve stvari, privedi nas u raj.
Amen

- Uz dozvolu nakladnika Bulaja -

Molitva suprotiva Turkom

Svemogući Bože moj, kim svaka postaju,
    Odvrati jur gnjiv tvoj, ter pomiluj naju.
Ostavi zlu volju, pozri na virni puk,
    Gdi tarpi nevolju svak' čas od turskih ruk.
Luge, sela, grade popliniv s'žegoše,
    Muže, žene, mlade svezav povedoše.
Ubiše junake koji se arvihu,
    A ine nejake u sinžir vedihu.
Sinke porobiše od krila materam,
    I jošće činiše njih vašćine kćeram.
Daleč rastavljaju od draga miloga,
    Tih tamo prodaju, a simo inoga.
Evo još oltari tvoji raskidaju,
    I sve svete stvari tlačiti ne haju.
U temple se svete konje uvajaju,
    Prilike propete pod noge metaju.
Svite, u kih tebi služba se činjaše,
    Raskrajati sebi u kovadih jaše.
Pehare kovaše od kaležev tvojih,
    I još pokovaše pase sabalj svojih.
Oto, ča je gore, divstvo oskvarniše
    Divic, ke pokore čineći, služiše;
Ter dicu neumiću obrizav, tiskoše
    U veću nesriću ner kih posikoše!
Eto jur potarvši mnoge gospode stan,
    Hite ne ustarpši ostalih dati van.
Sve dni ter sve noći nigdir ne sustaju,
    Nastojeć primoći karstjan ki ostaju.
Tako je sila njih jure objačala,
    Da moći ni u svih ka bi jim pram stala.
Nastupaju na nas, a nas je strah ubil;
    Jur puk tvoj gine vas, a ti si odstupil.
Oni nas tiraju, vežu, biju, deru,
    Za te se ne haju, ni za tvoju veru,

Složiti pod noge ku su odlučili;
    Moćju sile mnoge svih su jur sključili.
Li kakono plami kad pada u gori,
    Ostane carn kami i brez listja bori,
Inako t´ ne ostaju gradi tere mista,
    Kano opušćaju, plinujuć sva lita.
Boj su bili š njimi Harvati, Bošnjaci,
    Garci ter Latini, Sarbli ter Poljaci.
Eto još boj biju nici, a nikih ni,
    A druzi ne smiju, jer jim si gnjivan ti;
Rit se ča bo prudi, al vojske kupiti,
    Ako, ki svih sudi, neće se smiliti.
A ti, Gospodine, grihe jur otpusti,
    Da puk tvoj ne zgine, jur milost na nj spusti.
Rači se smiliti, slomi mač poganski,
    Ne daj pogubiti ostatak karstjanski.
Eve smo rojen´je, da ti s´ naš spasitelj;
    Proda nas zgrišen´je, da ti s´ otkupitelj.
Dostojno jest da mi za grih zla patimo,
    Da milosrdan si ti, za to te molimo:
"E Bože, odnesi jur taj bič od naju,
    A na njih nadnesi kino te ne znaju."
Tebi vapijemo, tužeći u plaču:
    "Tvoji smo, a ginemo, pogani nas tlaču."
Radi su svih požrit, nigdar karvi siti;
    Sve će, diju, podrit, a puk tvoj pobiti.
Ispunit toj hteći, nigdar ne pristaju,
    Jednih zavodeći, druzih pobijaju.
Bijući primaju kašteli, gradove,
    Tako t´ sve obladaju priljuti lavove.
Uteći prid njih zlom jur nimamo kuda,
    Ner pod tvojim krilom ki kraljuješ svuda.
Lahko sve njih sile ti moreš ustavit,
    Ke su odlučile s tobom nas rastavit.
Ako s nami stati budeš, Gospodine,
    Hoće se odarvati narod ki sad gine;
Ter će vazet smionost, udrivši potirat,

Ako tvoja kripost bude nas podpirat.
Jur dovolje budi, jur budi dovolje,
   Slobodi tve ljudi od toke nevolje.
Oto vidimo mi da svih karstjani moć
   Biti se uzmožna ni, nimajuć tvu pomoć.
Narodi prijaki izgubiše jakost,
   Jere u boj taki nimaše tvu milost.
Eto bile polja od kosti vitezov,
   Kimno nije broja, i vojvod i knezov;
I ki s malo ljudih razbijahu mnoštvo
   Buslomansko svudi, zgubiše hrabarstvo;
Ne mogoše branit listo daržavu svu,
   Ni sebe još shranit, uzmak ti ruku tvu.
Jer ti buduć sardit za grihe naše nam,
   Tko će moć osidit u grad, ter stati pram?
Mači ne valjaju, ni šćit s oklopljami,
   Ni ki upravljaju strilom, ter puškami;
Jake konje ter kopja napravit
   Na nas buduć gnjiv tvoj, ča ćemo opravit?
Kako poni za grih puk tvoj je za zginut,
   Tako ne zgubi svih milosardjem prignut;
Ostavi sarditost tere se jur smili,
   Učini nam milost, k tebi smo pribigli.
Rasarjen činjaše da tvojega puka
   Pod oblast stavljaše patarinska ruka;
Umiljen puk paka tebe uzmoljaše,
   I tva desna jaka njih oslobojaše.
Molimo se sad mi, bijeni turskom silom,
   Da nas jur otmeš ti jakosti tve dilom.
Ne htij već odiljat; čini da poznaju,
   Da grih naš pobijat ja, ne oni naju.
Onako ukaž´ njim moć i jakost tvoju,
   Kakono i onim ki skupiv moć svoju,
S koli ter s vojskami za pukom udriše
   Putem med vodami, ter se potopiše.
Tako, kako ukaza sionikom onim,
   Kih oganj nakaza i da jim smart sasvim;

Rasarjen ti, platit hoti njih s uzroka,
    Jer htihu uhvatit Iliju proroka.
Onako još kako ukazal jes´ onim,
    Ki sedoše jako pod gradom Dotajim,
Radi tu uhvatit Elizeju tvoga,
    I ne jaše vidit s uzroka takoga.
Ukaž´, Gospodine, kako s´ ukazao
    Asirske jačine kada s´ nakazao;
Mnoštvo kad veliko s vojvodom oholim
    Došad, svekoliko sta pod Jerozolim.
Tej sile i tu moć razbil tada tko bi,
    Ner on ki jednu noć toko tisuć pobi?
Ukaž´ još, Bože moj, kakono i tada,
    Kad Ksara kralj u boj vojask vodi stada,
Rat čineć puku tvom, puku Izraila,
    S oružjem i s mnoštvom sminim u taj dila.
Kih desetsto tisuć, trista koles biše,
    Posla ti strah moguć i pleći obratiše.
Ozrit se ne smiše, a sam kralj za njimi,
    S kim jih malo biše, sikuć proti svimi.
Ruke tve još kripost nevirnu narodu
    Ukaži tva milost, ki nam čini škodu:
Ukazao s´ kako kad sile prez broja
    Ročiše se tako vazet mista tvoja;
Mista izraelska pred sobom podbiti,
    Vojska idumejska i s njom Moabiti.
S njom još Amoniti, ki totu skupiv se,
    Ne jaše grad riti, mev sobom svadiv se.
Ubijeni legoše, svojih svoji bijući,
    I tad izlizoše grajani tekući;
Arvanje ne činiv, okol razgrabiše,
    I blago popliniv, hiše napuniše.
Pokaž, Gospodine, da kako saržba tva
    Za naše krivine nas u nevolju da,
Onako smiljen´jem da nas mož´ obranit,
    Tere s utišen´jem slobod nam povratit;
Turke sve podvratit za blud njih nevere,

Njih silu pokratit ka nas koljuć dere.
Evo plačne k tebi majke tužne hode,
　　　Da ne plode sebi, jer njih plod odvode.
Niki su prognani iz bašćine svoje,
　　　A niki pogani u sužanstvo stoje.
Taj plače dičicu, taj muža, taj žene,
　　　Plače brat sestricu, a sestra bratca nje.
Jur dopre do tebe vapaj i suze njih,
　　　Ne daj da povede nemiran Turak svih.
A ti, ki s´ propeti Bog, Gospodin naju,
　　　Nam si dal Karst Sveti, ne ki te ne znaju:
Iznesi od bluda nas, tere od djavljih ruk,
　　　Na križ pridav uda, otkupi viran puk.
Ne daj da nas dave pogani nogami,
　　　Ali da nas strave, sikući sabljami.
Fruštan´ja taj i boj od nas jur odvrati,
　　　Ter silu, koj ni broj, nevirnikom skrati.
I ti, Gospo mila, moli sinka za nas,
　　　Koga si rodila, ne zgubiv divstva glas;
Ne pristan moleći za sve Duhe Svete,
　　　Da Bog nas mileći odbije proklete,
i tvardost pribije priljutih sardac njih,
　　　Ali jih pobije da ne ginemo s njih.
Ti nas, Gospe, brani pridav sinku tvomu,
　　　U vas smo ufani, a ne u inomu;
A paka odbivši od nas nevirnike,
　　　Gori nas primivši, spasite u vike. Amen.

Also available from JiaHu Books:

Русланъ и Людмила — А. С. Пушкин – 9781909669000

Евгеній Онѣгинъ — А. С. Пушкин - 9781909669017

Чорна Рада — П. Куліш - 9781909669529

Hiša Marije Pomočnice - Ivan Cankar – 9781909669314

Горски Вијенац - Петар II Петровић Његош - 9781909669567

www.ingramcontent.com/pod-product-compliance
Lightning Source LLC
Chambersburg PA
CBHW031411040426
42444CB00005B/521